Gunhild Sehlin

Marias kleiner Esel

Gunhild Sehlin

Marias kleiner Esel

und die Flucht nach Ägypten

Aus dem Schwedischen
von Katja Nordmann-Mörike

Urachhaus

Die schwedischen Originalausgaben erschienen in den Jahren 1962 und 1964 unter den Titeln *Marias lilla åsna.* und *Åsnan och barnet* bei Rabén & Sjögren, Stockholm.

ISBN 978-3-8251-7907-6

6. Auflage 2025

Verlag Urachhaus
Landhausstr. 82, 70190 Stuttgart
www.urachhaus.de

Bei Fragen zur Produktsicherheit wenden Sie sich bitte an
info@urachhaus.com
Umschlag- und Innenillustrationen: Benjamin König
Druck: Balto Print, Vilnius
Printed in Lithuania

MIX
Papier | Fördert gute Waldnutzung
FSC® C107574
FSC www.fsc.org

Druckprodukt mit finanziellem Klimabeitrag
ClimatePartner.com/18507-2508-1009

Entdecken Sie weitere Kinderbücher:
urachhaus.de/kinderbuch-4-bis-8-jahre

Bleiben Sie mit unserem Newsletter auf dem Laufenden:
urachhaus.de/news

Inhalt

Der faulste Esel von ganz Nazareth

In Nazareth im Heiligen Land lebte vor langer, langer Zeit ein kleiner Esel. Er war ganz anders als alle anderen Esel der Stadt. So fleißig und sauber die anderen Tiere waren, so faul, struppig und schmutzig war er. Dafür aber hatte er einen hübscheren Gang und trug seinen Kopf am höchsten.
Zuweilen wanderten alle Esel, mit Brennholz beladen, in einer langen Reihe von den Wäldchen vor der Stadt nach Nazareth hinein. Alle trotteten eifrig. Sie wetteiferten regelrecht untereinander, wer seinem Herrn am meisten nach Hause tragen konnte. Ganz am Schluss dieser Reihe zottelte der faule Esel, und wann immer er einige Zweige abschütteln konnte, tat er es bestimmt. Manchmal versuchte er, an ein paar Kameraden vorbeizudrängeln, denn er ging nicht gerne am Schluss. Sie aber hinderten ihn stets daran, schlugen aus und sagten: »Bleib, wo du hingehörst, du fauler Esel!«
Am Abend, wenn alle Tiere heim in ihren Stall kamen, wurden sie gestriegelt und gebürstet, bis ihr Fell wie Seide glänzte. Nun gehörte der faule Esel zwar dem reichsten Mann in Nazareth, aber ausgerechnet der schlechteste und gemeinste Knecht musste sich um ihn kümmern. Dieser striegelte ihn nie und deshalb lief der Esel immer zottig und schmutzig herum. Die anderen Esel aber ärgerte es, dass er dennoch seinen Kopf so stolz trug.
»Schämst du dich denn gar nicht? Den Hals recken und herumstolzieren, wo du so dreckig bist!«

Und der älteste und klügste Esel sagte: »Verstehst du das denn nicht? Das gehört sich nicht. Man ist nicht hochmütig, wenn man aussieht wie du.«

Aber darum kümmerte sich der faule Esel nicht. »Ich werd's ihnen noch zeigen!«, dachte er.

Er wusste zwar nicht recht, was er ihnen zeigen wollte, nur dass es etwas wunderbar Schönes und Ungewöhnliches sein würde.

Die Menschen in der kleinen Stadt lachten oft über den faulen Esel.

»Wenn er nur nicht eines Tages verhungert«, sagten sie. »Er ist bald zu faul zum Fressen.«

Selbst sein Herr seufzte manchmal: »Schrecklich, wie der aussieht. Simon, los, striegle ihn ordentlich!«

»Ja, Herr«, antwortete Simon.

Sobald der Herr aber verschwunden war, hängte Simon die Bürste an den Nagel und legte sich ins Gras. So war der kleine Esel manchmal nur zur Hälfte gestriegelt. Dann lachten Menschen und Tiere und spotteten noch mehr.

»Wartet nur!«, dachte der kleine Esel. »Ich werd's euch schon noch zeigen.« Aber er sagte nichts.

Von Zeit zu Zeit musste Simon am Stadtbrunnen Wasser holen. Das liebte er gar nicht, weil er es für Weiberarbeit hielt; aber gehorchen musste er, wenn der Herr befahl. Er warf dem Esel zwei Ledersäcke für das Wasser über den Rücken, dann zogen die beiden los. Wenn der Knecht fand, dass sie gar zu langsam vorankamen, trieb er den Esel mit seinem Stock an. Aber oft geschah das nicht, denn Simon war selbst faul und hatte es nur höchst selten eilig.

Früh am Morgen war stets Leben und Betrieb am Brunnen, denn alle Frauen holten Wasser in großen Tonkrügen. Randvoll

füllten sie ihre Krüge mit frischem, klarem Wasser und trugen sie auf dem Kopf heim. Die Frauen waren geschickt, keine verlor einen Tropfen von dem kostbaren Wasser und keine ließ den Krug fallen. Oft saßen die Frauen ein Weilchen am Brunnen und plauderten, bevor sie nach Hause gingen, aber nie lange, denn alle wollten zurück sein, solange der Morgen noch frisch und kühl war.

Eines Morgens begegnete Simon und seinem Esel eine junge Frau, die hieß Maria. Sie war mit ihrem Wasserkrug auf dem Heimweg. Maria sah den kleinen Esel und sagte: »Was für ein schöner Esel! Jammerschade, dass er so dreckig ist!«

Sie blieb einen Augenblick stehen und kraulte den Esel hinter dem Ohr. Wie schön war das! Er konnte sich nicht besinnen, dass er jemals gekrault worden war. Und auf dem Heimweg dachte er so viel an Maria, dass er nicht merkte, wie Simon schrie, schlug und puffte.

Von dem Tag an traf der faule Esel Maria oft zur selben Zeit am Brunnen. Und jedes Mal hatte sie ein freundliches Wort für das kleine Tier übrig und streichelte es.

Wenn der Esel dann nach Hause trippelte, ging er noch stolzer und hielt den Kopf noch höher als üblich. Alle seine Kameraden schimpften darüber und meinten: »Was ist nur los mit ihm? Jeden Tag macht er sich wichtiger - und wird dabei immer fauler. Pfui!«

Aber der kleine Esel würdigte seine Kameraden keines Worts. »Wenn die wüssten!«, dachte er bei sich.

Nun spitzte der Esel jeden Morgen die Ohren und lauschte, ob Simon vom Herrn zum Brunnen geschickt würde. Kam der Knecht mit den Wassersäcken, wurde er ganz vergnügt und konnte kaum stillhalten, während sie befestigt wurden. Dann

rannte er bergauf, bergab so schnell zum Brunnen, dass der verblüffte Simon fast nicht mitkam.
War Maria nicht da, glaubte der Esel, sie habe sich verspätet. Er bockte dann, sobald Simon die gefüllten Wassersäcke befestigen wollte, damit es recht lange dauerte, bis sie fertig waren und sich auf den Heimweg begeben konnten. Aber auch dann spreizte sich der Esel noch und ließ sich prügeln und stoßen, bis Maria erschien, ihn streichelte und ein paar freundliche Worte sagte.
Danach trottete er heim und trug seinen Kopf hoch.
»Er ist total verrückt«, sagte Simon zu den anderen Treibern, wenn er nach Hause kam.

Eines Tages hatte sich der Esel einen scharfen Steinsplitter in den Fuß getreten. Das tat bei jedem Schritt entsetzlich weh und er musste hinken. »Das ist die Strafe«, sagten die anderen Esel. »Das geschieht ihm recht. Nun soll er versuchen, weiter so affig zu gehen.«
Maria entdeckte es am nächsten Morgen. »Was hat der Esel am Fuß?«, fragte sie. »Hat er sich verletzt?«
»Ich glaube nicht«, antwortete Simon, der noch nicht einmal gemerkt hatte, dass der Esel hinkte.
»Es ist eine Schande, dem armen Tier nicht zu helfen«, sagte Maria ärgerlich.
»Ihm fehlt nichts«, meinte Simon. »Er ist nur faul und böse.«
»Kann ich mal deinen Fuß sehen?«, bat Maria den Esel.
»Pass auf, er schlägt aus!«, warnte Simon. »Es ist gefährlich, seine Hufe anzurühren.«
»Ich kann's«, sagte Maria.

Der Esel hob willig den Fuß und hielt ganz still. Maria fand bald den scharfen Splitter und zog ihn heraus.

»So, das hätten wir, nun kannst du weiter so aufrecht und hübsch trippeln«, sagte Maria.

Als der Esel nach Hause kam, waren seine Kameraden böse, dass er wieder wie üblich gehen konnte. Sie schimpften ihn fürchterlich. Aber das kümmerte den faulen Esel nicht.

»Wenn die wüssten!«, dachte er. »Oh, wenn die wüssten!«

Der Eselkauf

Maria wanderte mit ihrem Wasserkrug auf dem Kopf nach Hause. Sie musste weit durch die schmalen, winkeligen Gassen gehen. Als sie endlich heimkam, war sie vollkommen erschöpft. Sie hob den Krug herunter, setzte sich auf eine Bank in ihrem Gärtchen und ruhte aus.

Da kam Josef, ihr Mann, aus seiner Werkstatt. Er war immer sehr um Maria besorgt, und als er sah, wie erschöpft sie war, wurde ihm angst.

»Wenn ich dir nur einen Esel kaufen könnte«, seufzte er. »Der könnte dir Holz und Wasser tragen und du müsstest nicht so schwer schleppen.«

»Das wäre herrlich«, sagte Maria. »Wie gern hätte ich einen Esel. Aber es hilft ja nichts, wir wissen alle beide, dass wir uns keinen kaufen können. Sorg dich nicht, Josef! Wenn ich etwas ausgeruht habe, kann ich wieder weiter. Gott gibt mir Kraft, wart's nur ab.«

Da ging Josef in seine Werkstatt zurück. Er musste von morgens bis abends arbeiten, um so viel zu verdienen, wie die Familie zum Leben brauchte. Darum war er sehr traurig, dass er kein Geld für einen Esel besaß.

Während er stand und hobelte, kam ihm eine Idee:

»Wenn ich täglich eine Stunde früher aufstehe und wenn ich noch schneller als bisher arbeite, dann kann ich vielleicht das Geld für einen Esel zusammenbekommen«, sagte er zu sich. »Ich muss es versuchen. Maria sah heute so müde aus.«

Von diesem Tag an stand Josef auf, bevor es hell wurde, und arbeitete, so viel er irgend konnte. Glücklicherweise hatte er genug Bestellungen. Seine Ersparnisse wurden langsam, aber sicher größer.
»Lieber Josef«, sagte Maria oft, »du arbeitest viel zu viel. Unser Geld reicht doch zu dem, was wir beide brauchen.«
»Arbeiten ist schön«, antwortete Josef darauf.
»Aber du überanstrengst dich«, meinte Maria besorgt.
»Gewiss nicht«, entgegnete Josef und lächelte geheimnisvoll. Er erzählte Maria nicht, dass er auf einen Esel für sie sparte. Das sollte eine Überraschung werden.

Eines Tages merkte Josef, dass Maria ungewöhnlich lange nicht vom Brunnen zurückkam. Obgleich er sehr viel Arbeit hatte, schüttelte er die Hobelspäne von der Jacke und ging auf die Straße hinaus. Da er Maria nirgends sah, ging er ihr entgegen. Er fand sie ganz erschöpft am Wegrand sitzen. Der Krug stand neben ihr.
»Lieber Josef«, sagte Maria, »ich wollte nur etwas ausruhen, dann kann ich das Wasser wieder tragen. Sorge dich nicht.«
Aber Josef hob den Krug und nahm ihn in den Arm - er konnte ihn nicht wie die Frauen auf dem Kopf tragen. Wie anstrengend Wassertragen war! Maria folgte ihm.
An diesem Abend zog Josef sein Geld hervor. »Ich muss gleich einen Esel kaufen«, dachte er; zu Maria aber sagte er nichts.
Josef ging zum reichsten Mann von Nazareth. Wer so viele Esel besaß, konnte sicher einen entbehren.
»Willst du mir einen Esel verkaufen?«, fragte Josef den Reichen.
»Kannst du denn bezahlen? Ein gutes Tier kostet viel Geld.«

»Ja, Herr«, sagte Josef zögernd, »wie viel willst du dafür?«
Aber der reiche Mann wollte viel, viel mehr, als Josef besaß. Bis er so viel Geld verdient hätte, würde er noch mehrere Monate arbeiten müssen.
»Komm wieder, wenn du bezahlen kannst«, sagte der Reiche.
»Aber ich muss gleich einen haben, denn Maria ist nicht kräftig und kann nicht alles selbst tragen. Könnte ich den Rest nicht später bezahlen?«
»Nein«, sagte der Reiche. »Ich muss das Geld auf einmal haben.«
Josef stand ganz unglücklich da. Der reiche Mann aber tat, als ob er es eilig habe.
»Auf Wiedersehen«, sagte er. »Komm, wenn du bezahlen kannst. Dann machen wir das Geschäft.«
Und er wandte sich zum Gehen. Josef hielt ihn aber am Mantel fest.
»Herr, hast du nicht einen Esel, der billiger ist als die anderen?«, fragte er.
»Nein«, sagte der Reiche. »Ich habe nur edle Tiere.«
Doch da besann er sich auf den faulen, schmutzigen Esel, über den alle lachten. Diesen wollte er gerne los sein. Der war ja eine Schande für seinen ganzen Stall. Ja, den konnte der Handwerker für sein Geld haben.
»Warte mal«, sagte er. »Ich habe doch einen, den du kaufen kannst.«
Er rief Simon und befahl, den faulen Esel herauszuführen. Josef wartete voll Spannung. Als Simon mit dem Esel ankam, sah er sofort, dass dies kein gutes und zuverlässiges Tier war; aber das einzige, das er bekommen konnte. Der reiche Mann erhielt also das Geld und Josef den Esel.
Darauf zog Josef den weiten Weg mit dem Esel nach Hause.

Der Esel aber dachte, er habe für heute genug gearbeitet, und hatte keinerlei Lust mehr herumzulaufen. Auch konnte er nicht verstehen, warum dieser fremde Mensch mit ihm wegging und wohin. Deshalb spreizte er sich mit allen Kräften.

Mitunter waren Treppenstufen auf den Straßen. Wenn Josef und der Esel endlich oben angelangt waren, zog der Esel kurz zurück, sodass der unerfahrene Josef die Zügel verlor. Schnell ließ sich dann der Esel die Stufen wieder hinuntergleiten und sah dabei aus, als ob er lache. Das machte er oft, um Simon zu foppen, und wenn es ihm gelungen war, wurde der Treiber wütend. Aber Josef wurde nicht böse. Er seufzte nur und sprach ihm gut zu.

»Versuch doch mal, ordentlich zu gehen, sonst kommen wir vor Anbruch der Dunkelheit nicht mehr heim.«

Und Josef musste das widerspenstige Tier noch einmal alle Treppen hinaufziehen. »Ich fürchte, Maria bekommt mehr Schwierigkeiten als Hilfe mit diesem Vieh«, dachte er betrübt und wischte sich den Schweiß von der Stirn.

Endlich kamen sie heim. Josef band den Esel an einen Olivenbaum vor dem Haus und ging hinein.

»Ich habe einen Esel für dich gekauft, Maria«, sagte er, aber seine Stimme klang sehr bedrückt.

»O Josef«, rief Maria. »Wie lieb von dir. Hast du deshalb so fleißig gearbeitet?«

»Ich wollte für dich einen richtig guten, tüchtigen Esel anschaffen, der viel helfen kann; aber mein Geld reichte nur für das faulste und schmutzigste Vieh, das jemals auf Gottes Erdboden herumgetrottet ist.«

»Hast du faul gesagt?«, fragte Maria eifrig. »Das kann doch wohl nicht der Esel vom Brunnen sein? Hat er einen hübscheren

Gang als alle anderen Esel und trägt er seinen Kopf höher? Und ist er fürchterlich schmutzig?«
»Ja, schmutzig ist er«, sagte Josef müde. »Dass er hübsch geht, habe ich nicht gemerkt. Er sitzt vielmehr auf den Hinterbacken und lässt sich vorwärts ziehen.«
Aber Maria war schon draußen: »O Josef! Das ist er! Seitdem du von einem Esel gesprochen hast, habe ich mir immer gewünscht, dass ich genau diesen bekomme. Aber nie hätte ich geglaubt, dass sich mein Wunsch erfüllt. Danke, danke, lieber, lieber Josef.«
»Aber Maria«, verwunderte sich Josef, »warum wolltest du ausgerechnet den faulsten, dümmsten und schmutzigsten Esel von ganz Nazareth?«
»Darum«, erklärte Maria, die schon eine Bürste geholt und angefangen hatte, den Esel zu striegeln, »weil er ein ganz unvergleichlich feiner Esel werden kann. Hast du nicht gemerkt, was für kluge Augen er hat? Wer so leicht und frei geht, kann sicher auch schwere Lasten tragen lernen. Es ist nur eine schlechte Gewohnheit, dass er so faul ist. Wer den Kopf so hoch trägt, ist im Grunde edel und sauber. Er kann nichts dafür, dass ihn keiner striegelte. Josef, ich freue mich sehr über meinen Esel. Wie soll ich dir nur danken?«
»Vielleicht hast du Recht«, sagte Josef bedacht. »Und ich bin froh, dass du dich freust. Aber lass mich striegeln.« Und Josef striegelte den Esel, bis er richtig glänzte.
Maria stand daneben und kraulte ihn.
Der Esel aber war völlig verwirrt. Was sollte das alles bedeuten? Warum war er hier bei Maria? Jedenfalls nahm er sich vor, so lange wie möglich stehen zu bleiben. Von hier sollte man ihn nur wegtragen können.

Als Maria die Zügel nahm und sagte: »Komm!«, folgte er willig.
»Hier sollst du schlafen«, sagte Maria.
Sie holte ihm einen Arm voll duftendes Heu und legte es in die Krippe. »Friss jetzt und schlaf gut«, sagte Maria und klopfte ihn.
»Hier habt ihr einen neuen Kameraden«, erklärte sie darauf den Schafen und Ziegen im Stall. »Seid lieb zu ihm.«
Dann ging Maria. Der Esel versuchte, sich loszureißen.
»Bääh«, blökten die Schafe. »Willkommen! Es ist schön, einen neuen Kameraden zu haben. Und gerade einen Esel braucht Maria so nötig.«
»Määh!«, meckerten die Ziegen. »Willkommen! Du sollst Maria helfen, verstehst du? Wir haben schon lange auf dich gewartet. Gut, dass du nun hier bist.«
Da war der kleine Esel völlig beruhigt. Er war sehr verwundert, andere Tiere waren noch nie freundlich zu ihm gewesen.
»Was ist dies für ein Stall?«, fragte er.
»Marias, Marias«, riefen alle Lämmer und die kleinen Ziegen. »Das beste Haus auf der ganzen Welt. Aber woher kommst denn du?«
Der kleine Esel antwortete nicht. Er wunderte sich nur. »Ich gehe nie mehr weg von hier«, dachte er.
Ringsum schliefen nun die Schafe und Ziegen. Bald schlief auch der kleine Esel ein. Aber noch tief im Traum dachte er fortwährend: »Nein, ich gehe niemals mehr weg, niemals mehr, nie ...«

Das große Geheimnis

Früh am nächsten Morgen erwachte der kleine Esel. »Was ich heute Nacht nur geträumt habe!«, dachte er. »Ein fremder Mann kam, holte mich und führte mich zu Maria, die mir so gut gefällt. Und der Mann sagte, dass ich Maria gehören solle. Und sie freute sich darüber, denn sie mag mich auch. Man bürstete und striegelte mich, dass ich schön wie der Tag wurde. Haha, das war ein Traum: Herrlich war er.

Aber wie merkwürdig - ich bin ja noch immer sauber und fein. Wie angenehm das ist. Genau wie im Traum.«

Der kleine Esel schrie »Iah« und es hörte sich an, als ob er lachen würde.

Davon erwachten die Schafe und Ziegen in Josefs Stall.

»Guten Morgen, kleiner Esel«, sagten sie. »Hoffentlich hast du etwas recht Schönes geträumt heute Nacht.«

»Ja, das habe ich«, antwortete der Esel. »Ich hatte den schönsten Traum von der ganzen Welt.«

»Das ist fein«, sagte das älteste Schaf artig. »Schaut, da kommt schon Maria.«

Alle Tiere drängelten sich in ihren Verschlägen, nur um Maria als Erste zu begrüßen. Das war ein Blöken und Meckern!

»Maria?«, überlegte der Esel und sah sich um. »Ich bin ja bei Maria. Das war gar kein Traum. Es war Wahrheit!«

Still und geduldig stand er und wartete, bis Maria alle Tiere gestreichelt und ihnen zu fressen gegeben hatte. Zuletzt kam sie zum Verschlag vom kleinen Esel.

»Guten Morgen, mein kleiner Esel. Nun musst du tüchtig fressen, damit du groß und stark wirst. Wenn ich die Ziegen gemolken und sie mit den Schafen auf die Weide gebracht habe, müssen wir beide Wasser am Brunnen holen. Futtere du solange Heu.«
Aber der kleine Esel war so froh, dass er darüber das Fressen vergaß. Auch Josef kam und betrachtete ihn.
»Der sieht ja prächtig aus«, staunte er. »Man kann ihn kaum wieder erkennen.«
»Lieber Josef, er ist der schönste Esel, den es gibt«, sagte Maria. »Aber ich fürchte, du wirst viel Mühe mit ihm haben, wenn du Wasser holst. Du glaubst gar nicht, wie bockig er ist.«
»Wenn du nur ein richtig passendes Joch machst, das nicht schabt und an dem ich die Wassersäcke befestigen kann, wirst du schon sehen, wie brav er geht«, antwortete Maria.
Josef fertigte sofort, worum sie bat. Er nahm dem Esel Maß und ging in seine Werkstatt. Man konnte hören, wie er mit Hammer und Hobel hantierte. Dann kam er mit einem Joch heraus, das er dem Rücken des Esels anpasste.
»Es schabt noch ein wenig auf der rechten Seite. Es kann noch besser werden«, sagte er und verschwand wieder in der Werkstatt. Gerade als Maria mit ihrer morgendlichen Arbeit fertig war, kam er mit dem Joch an. Als sie es zusammen dem Esel aufsetzten, passte es genau.
»Lieber Josef«, sagte Maria dankbar, »keiner kann so gute Joche machen wie du.«
Der kleine Esel fand, Maria habe Recht. Nie zuvor hatte er ein Joch gehabt, das nicht gescheuert oder wehgetan hätte. Aber dies hier war glatt, gleichmäßig und bequem.
Josef befestigte die Wassersäcke daran.
»Auf Wiedersehen, Josef, wir gehen«, rief Maria strahlend.

»Auf Wiedersehen«, seufzte Josef. »Wenn du nur mit dem Esel zurechtkommst. Ich bin doch in Sorge.«
»Das ist nicht nötig«, lachte Maria. »Wir kommen schon zurecht. Sieh nur, wie artig er trippelt.« Josef schüttelte den Kopf, als er in seine Werkstatt zurückkehrte.

Maria schritt stolz und froh mit ihrem kleinen Esel durch Nazareths enge, gewundene Gassen. Sie ging an all den vielen niedrigen, rechteckigen Häusern mit ihren flachen Dächern vorbei, und aus allen Häusern traten Frauen und Mädchen mit Wasserkrügen auf dem Kopf. Maria ging voran, der Esel hinterdrein. Sie konnte sich nicht vorstellen, dass der Esel bocken würde, sie führte ihn nicht einmal. Die Zügel hatte sie über das Joch gelegt. Der Esel folgte ihr wie ein gehorsamer Hund. Kein einziges Mal machte er Schwierigkeiten. Wie könnte man Maria gegenüber unfolgsam sein? Als sie zum Brunnen kamen, scharten sich die Frauen und Mädchen um den kleinen Esel.
»Aber Maria!«, sagten sie. »Ein so schöner Esel. Wo hast du ihn dir geliehen? Er gehört doch nicht dir?«
»Doch, er gehört mir«, antwortete Maria stolz. »Josef hat ihn für mich gekauft.«
»Josef?«, fragten sie verwundert. »Ein so schönes Tier? Es muss sehr teuer gewesen sein!«
Maria lachte nur. Die Mädchen streichelten den Esel, lobten sein Aussehen. Die Schönste pflückte rote Blumen und befestigte sie an seinem Stirnriemen.
»Sieh, Maria, nun könnte er einer Königin gehören«, meinte sie. »Ich habe noch nie einen Esel gesehen, der seinen Kopf so stolz trägt.«

Maria füllte die Wassersäcke und befestigte sie am Joch. »Gehen wir heim«, sagte sie. »Aber sei vorsichtig, damit kein Wasser überschwappt.«

Und der Esel setzte Schritt vor Schritt, artig und fein, und suchte den besten Weg für seine Hufe aus, damit von dem frischen Wasser nichts verschüttet würde.

Josef hatte immer wieder nach Maria und dem Esel ausgeschaut, und als sie heimkehrten, kam er eiligst aus der Werkstatt.

»Wie ging's?«, fragte er. »Seid ihr schon wieder zurück? War er so schwierig, dass du umdrehen musstest? Setz dich und ruh dich aus, Maria, ich gehe. Ich werde schon fertig mit ihm.«

»Lieber Josef«, entgegnete Maria lachend, »es ist der beste Esel der Welt, das habe ich dir gleich gesagt. Wir waren am Brunnen. Sieh! Die Säcke sind voll bis zum Rand und kein Tropfen ist verschüttet.«

Da war Josef verwundert. Er starrte eine ganze Weile auf das Wasser und sagte dann: »Alle Geschöpfe sind lammfromm und fügsam, wenn du mit ihnen umgehst, weil du gut bist!«

»Ich bin nicht gut«, meinte Maria, »sondern der kleine Esel – und du auch, lieber Josef.«

Dann führte Maria den Esel auf die Wiese, wo die anderen Tiere weideten.

»Danke für deine Hilfe«, sagte Maria. »Ruh dich aus, mein eigener kleiner Esel. Heute brauchst du nicht mehr zu arbeiten, aber bald ist Erntezeit und du darfst mir glauben, dass es dann viel zu tun gibt.«

Die Weide war nicht groß, aber für die Tiere herrlich. Ein kleiner Bach floss von droben von den Bergen herunter. An ihm

entlang wuchsen grünes Gras und wohlschmeckende Kräuter. Die Luft war voller Wohlgeruch, und ein alter, knorriger Olivenbaum gab Schatten, wenn die Sonne am stärksten brannte.
Heute erzählten die Tiere dem kleinen Esel ein Geheimnis. Zuerst fragten sie, ob er das große Geheimnis wissen wolle.
Ja, das wollte er natürlich.
Dann fragten sie, ob er wohl das große Geheimnis für sich bewahren könnte.
Ja, er glaube schon.
So solle er zuhören. Das älteste Schaf holte tief Luft und setzte zum Erzählen an. Der Esel zitterte vor Neugierde. Aber die Schäfchen und die kleinen Ziegen, die schon wussten, was jetzt kam, wurden bei dem Gedanken an das Geheimnis so froh, dass sie nicht mehr stillhalten konnten.
Sie fingen an zu springen, zu tanzen, zu blöken und zu meckern. Die großen Tiere versuchten, sie zu beruhigen, aber es dauerte ziemlich lange, bis es so still war, dass das älteste Schaf endlich beginnen konnte.
Es holte tief Luft, machte den Mund auf ... Aber schon wurde es von einem ganzen Schwarm zwitschernder Vögel übertönt. Alle Vögel von Nazareth waren herbeigeflogen und setzten sich in den großen Olivenbaum. Sie hatten die Schäfchen und kleinen Ziegen herumtoben hören und gleich begriffen, dass es um das Geheimnis ging. Da wollten sie dabei sein. Auch sie kannten es schon, und wenn sie daran dachten, mussten sie vor Freude aus vollem Halse singen. Das alte Schaf musste warten, bis sie still waren. Inzwischen aber war der arme Esel fast vergangen vor Neugierde.
Endlich konnte das Schaf sprechen. Zum dritten Mal holte es tief Luft und sagte: »Ma...«

Da fingen die lustigen Grillen zu zirpen an. Man nennt sie dort Zikaden, und sie wohnten auch beim Olivenbaum. Für den Esel war es ein ohrenbetäubender Lärm, dieses gellende Gezirpe. Aber die Zikaden glaubten, es klinge sehr hübsch, und außerdem war es ihre Art, sich zu freuen.

Als sie endlich aufhörten, holte das Schaf zum vierten Mal Luft. Es wollte eigentlich das Geheimnis so leise und feierlich erzählen, wie ein Geheimnis eben erzählt werden muss, aber stattdessen sprach es sehr laut: »Maria wird ein Kindlein bekommen, einen Sohn!«

Da wurde es wieder unterbrochen. Die Schäfchen und Ziegen hüpften und tanzten, die Vögel stimmten ein neues Lied an und die Grillen zirpten. Der Esel aber schrie vor lauter Freude so laut, dass selbst die Zikaden nicht mehr zu hören waren.

Es dauerte endlos lange, bis die Tiere wieder zur Ruhe kamen. Dann wurde es sehr still. Alle dachten an Marias Kind, das bald auf die Welt kommen sollte. Ja, so still war es jetzt, dass man das leise Gemurmel des Baches hören konnte.

Die Schäfchen waren mit einem Male ganz ruhig geworden. Sie standen und grübelten darüber nach, was sie mit dem Kleinen spielen könnten. Vielleicht würde er gerne Verstecken spielen, rund um den alten Olivenbaum. Die kleinen Ziegen überlegten, ob er mit ihnen um die Wette laufen würde. Die Zikaden nahmen sich vor, das Kind zirpen zu lehren. Die Vögel jedoch erfanden hübsche Wiegenlieder; sie wussten, dass ein kleines Menschenkind nicht gleich spielen und lärmen kann, sondern viel schlafen muss, damit es wächst und gedeiht.

Das war den erwachsenen Tieren natürlich auch klar. Die Ziegen wussten, das Kind brauchte gute Milch, und dachten nach, welche Pflanzen sie fressen müssten, damit die Milch noch kräf-

tiger würde als gewöhnlich. Auf bittere Kräuter und Gräser wollten sie verzichten, damit die Milch nicht herb würde.
Die Schafe ihrerseits rechneten damit, dass das Kleine weiche, warme Kleider brauchte, und überlegten sich, ob ihre Wolle fein genug sei, wenn sie aufpassten und sich nicht schmutzig machten.
Aber der kleine Esel, der hatte einen wunderschönen Gedanken: Des reichen Mannes kleiner Sohn besaß einen Reitesel mit Sattel. Es hatte immer schneidig ausgesehen, wenn der Junge dahergeritten kam. Wenn Josef solch einen Kindersattel machen würde! Nie mehr wollte er sich schlecht gegen Josef betragen! Er wollte ganz folgsam sein. Vielleicht mochte Josef ihn dann und schenkte dem Kind einen Sattel.
Es war lange still. Ein jeder dachte vor sich hin. Aber plötzlich schrie ein Lämmchen erschreckt: »Eine Schlange!«
Mitten zwischen den Tieren, dicht vor der Nase des kleinsten Lämmchens, lag die große Schlange, die weit hinten in einer Ecke der Weide wohnte. Wie war sie nur hierher gekommen, ohne dass jemand sie gesehen hatte? Alle fürchteten sich sehr!
Aber die Schlange sprach: »Ihr erzählt von Marias Kind und habt Angst vor mir. Wisst ihr denn nicht, dass dies Kind ohne Gefahr mit Schlangen spielen kann! Wisst ihr denn nicht, dass es die wilden Tiere und die zahmen miteinander hüten wird! Wisst ihr denn nicht, dass auf Marias Hof kein Lebewesen einem anderen Böses zufügen kann?«
»Ja«, antwortete das älteste Schaf beschämt. »Du hast Recht. Wir wollen uns nicht mehr vor dir fürchten. Auch du sollst dich mit uns über Marias Kind freuen.«

Erntezeit

Es kam die Zeit der Ernte. Für Maria und ihren kleinen Esel gab es wirklich viel zu tun.

Die Feigen mussten gepflückt, heimbefördert und auf dem flachen Dach zum Trocknen ausgebreitet werden. Marias Feigenbaum bog sich unter den Früchten, und die Körbe, die der Esel tragen musste, waren sehr schwer. Aber Maria klopfte ihn, gab ihm einige süße Feigen zu kauen, und dann kannte er keine Müdigkeit. Endlich waren alle Feigen geerntet.

»Nun, mein kleiner Esel, dürfen wir bis zur Weinlese ein paar Tage ausruhen.«

»Wie herrlich«, dachte der kleine Esel und rieb seinen Kopf an Marias Arm, »dann darf ich den ganzen Tag bei den Ziegen und Schafen auf der Weide sein.«

Am nächsten Morgen kam Maria dennoch mit dem Joch in den Stall. »Kleiner Esel«, sagte sie, »unsere arme Nachbarin Judith ist ganz alleine. Sie hat keinen Esel. Wir wollen ihr ein bisschen helfen - du und ich.«

»Auf der Weide ist es zwar herrlich«, dachte der Esel, »aber den ganzen Tag mit Maria zu arbeiten, macht mir noch viel mehr Freude.«

Und so trottete er willig mit. Judith war glücklich über die Hilfe. »Ich bin alt und gebrechlich«, sagte sie. »Ich habe nicht daran geglaubt, dass sich noch jemand um mich kümmert. Aber ich sehe, Gott denkt auch an ein altes Weib wie mich. Er schickt mir die tüchtigste Frau in ganz Nazareth.«

»Und den klügsten Esel, Judith«, entgegnete Maria lachend.
Dann arbeiteten Maria und der Esel einige Tage für Judith.
»Jetzt sind wir fertig«, sagte Maria eines Abends.
»Morgen darf ich bestimmt auf die Weide«, dachte der Esel. »Das wird wunder-, wunderschön. Denn wenn ich mir's recht überlege, bin ich doch ein bisschen müde.«
»Morgen fängt die Weinlese an«, sagte Josef, als er am Abend nach Hause kam. »Zu dumm, dass du dich nicht ausgeruht hast, Maria.«
»Das macht nichts, Josef«, antwortete Maria. »Ich habe ja meinen fleißigen Esel. Wenn du den nicht für mich gekauft hättest, hätte ich alles heimschleppen müssen, und dann wäre ich heute wirklich müde. So konnte ich Judith gut helfen. Ich bin sehr froh darüber.«
»Wie schade«, meinte das älteste Schaf zum Esel. »Keinen einzigen Tag darfst du es auf der Weide richtig gut haben.«
»Auf der Weide ist es zwar herrlich«, erwiderte der Esel, »aber mit Maria zusammen zu arbeiten macht noch viel mehr Spaß.«
»Ja, das verstehen wir«, sagten alle Tiere.

Die Weinlese war die fröhlichste Zeit im ganzen Jahr.
Überall, in den kleinen Gärten der Armen wie in den großen Weinbergen der Reichen, lachten die Menschen, sangen und lasen die saftigen Trauben.
Alle Tiere wurden von der Freude angesteckt. Marias kleiner Esel trippelte jeden Tag, als wenn's zum Tanze ginge, obgleich die Körbe mit den Trauben sehr schwer waren.
»Wie viele Beeren wir dieses Jahr bekommen«, sagte Josef. »Und so schöne!«

»Es reicht zu beidem, zum Pressen und zum Trocknen«, antwortete Maria froh. »Aber unser kleiner Esel sieht müde aus. Jetzt muss er sich wirklich ein paar Tage auf der Weide erholen, bevor die Olivenernte losgeht.«

»Morgen machen wir es uns auf der Weide lustig«, jubelten die Lämmer und die Ziegen. »Oder nicht?«

»Ja, ja«, meinte der Esel.

Aber früh am nächsten Morgen sagte Maria zu ihrem Esel: »Judith hat gar niemanden, der ihr bei der Weinlese hilft. Ihre Trauben sind schon überreif. Sie kann nicht mehr so schnell pflücken. Wir beide müssen ihr einige Tage helfen.«

»Auf der Weide ist es schon recht«, dachte der kleine Esel, »aber nichts gegenüber der Arbeit mit Maria.« So arbeiteten Maria und er für die arme Judith.

»Welch ein Reichtum sind doch gute Nachbarn«, meinte Judith. »Es ist die beste Gabe, die Gott den Armen schenken kann.«

»Ein fleißiger Esel ist auch eine wertvolle Gabe«, entgegnete Maria.

So wurden auch Judiths Trauben gepflückt und eingebracht, und damit war die Zeit der Olivenernte gekommen.

»Du kommst nicht zur Ruhe«, sagte Josef.

»Das macht nichts«, beruhigte ihn Maria. »Mir tut nur der Esel leid.«

»Nein!«, dachte der und schmiegte sich an Maria. »Es gibt nichts Schöneres, als dich begleiten.«

»Jetzt muss ich die Werkstatt ein paar Tage schließen und dir helfen«, erklärte Josef.

Die Olivenernte war mühevoll. Im Wäldchen außerhalb Nazareths, wo die alten, knorrigen Olivenbäume wuchsen, hatten alle Einwohner das Recht, Früchte zu holen. Die Männer schlugen die Oliven mit langen Stöcken hoch oben aus den Gipfeln herunter, die Kinder sammelten sie auf und füllten sie in Körbe. Die Frauen pflückten, was sie mit den Händen erreichen konnten. Obgleich der Esel nun entsetzlich schwere Körbe tragen musste, fühlte er sich doch nie müde.

»Du hast recht gehabt, Maria«, sagte Josef. »Das ist ein sehr guter Esel, der beste in der ganzen Stadt, möchte ich glauben.«

»Der beste in der ganzen Welt«, betonte Maria. Draußen im Olivenwäldchen traf Marias kleiner Esel die anderen Esel von Nazareth. Sie erkannten ihn nicht wieder, nicht einmal die Esel des reichen Mannes und auch seine Treiber nicht.

»Welch vornehmer Esel«, seufzten die Tiere des reichen Mannes. »Wie artig er trippelt! Wie schön er den Kopf trägt, so gerade und stolz! Und wie sauber und gepflegt er ist!«

»Mir will scheinen, er erinnert mich an einen Esel, den ich kenne«, sagte der älteste Esel. »Dessen Gang und Haltung waren ebenso hübsch. Aber ich kann mich nicht besinnen, wer das war!«

»Er ist sehr, sehr schön«, bewunderte ihn der jüngste Esel. »Und so stark.« Und der alte Esel meinte: »Der müsste bei uns sein, denn wir gehören einem wirklich hervorragenden Mann. Er passt überhaupt nicht zu diesen armen Leuten.«

»Ich kann mir gar nicht vorstellen, wo sie ihn herhaben«, überlegte ein weiterer Esel des reichen Mannes.

Marias kleiner Esel hörte alles und lachte vor sich hin, wenn er mit den Körben nach Hause zog. Er musste sehr häufig zwischen dem Olivenwäldchen und Josefs Haus hin- und hergehen. Und einige Male am Tag führte Josef den Esel am Haus vorbei zu Judith.

»Das musst du tun, Josef«, bat Maria. »Wie soll die arme Frau sonst zu Oliven kommen?«

»Da hast du recht, Maria«, pflichtete ihr Josef bei. »Wir haben den besten Esel auf der ganzen Welt bekommen, und das Mindeste, was wir tun können, um unsere Dankbarkeit Gott gegenüber zu zeigen, ist, der Nachbarin zu helfen. Aber die Zeit verrinnt und du kommst nicht zur Ruhe.«
»Bald ist Winter«, sagte Maria. »Dann kann ich mich schonen und der kleine Esel auch.«
»Was macht es schon, ob ich zur Ruhe komme oder nicht, wenn ich nur bei Maria sein darf«, dachte der Esel.
Aber als die Erntezeit beendet war, musste der Esel Josef begleiten.
Die Hitze, die Täler und Hügel fast ausgedörrt hatte, war vorüber. Es wurde kälter. Josef nahm den Esel mit hinaus aufs Land, um Brennholz zu holen. Bis in den späten Abend hinein suchte Josef dürre Äste, die er auf den kleinen Esel band. Oft war der dann fast höher beladen, als er groß war. Sie mussten weit gehen, um etwas zu finden. Rund um Nazareth gab es nur wenig Holz, und die anderen Armen der Stadt waren auch draußen und sammelten.
Eines Tages, als Josef besonders weit mit dem Esel gegangen war, ballten sich schwarze Wolken am Himmel zusammen. Die Sonne versteckte sich und es wurde ganz dunkel, obwohl es erst Nachmittag war. Vom Meer her blies ein kalter Wind.
»Nun kommt die Regenzeit«, freute sich Josef. »Die Erde muss nicht länger dürsten. Alle Bäche und Quellen füllen sich wieder mit Wasser und die Tiere dürfen trinken, so viel sie mögen. Dieser herrliche Regen!«
Der kleine Esel dagegen liebte den Regen nicht. Pfui, nein, er war unangenehm nass und kalt. Aber wenn Josef ihn für gut hielt, stimmte das sicher. Trotzdem sehnte er sich heim in den trockenen, warmen Stall. Er stampfte ungeduldig.

»Soso, soso, kleiner Esel«, mahnte Josef. »Etwas mehr müssen wir wohl noch mit heimnehmen. Es kann gut sein, dass der Regen uns morgen zwingt, zu Hause zu bleiben. Ich kenne eine Stelle ein wenig mehr im Norden, wo wir bestimmt etwas finden.«

So musste der Esel Josef noch weiter begleiten. Er war nahe daran, sich zu sträuben. Plötzlich fiel ihm nämlich ein, wie lustig es war, sich zu widersetzen, sich zu spreizen und zu bocken. Josef würde es schwer haben, ihn von der Stelle zu bringen, dachte er.

Aber dann besann er sich auf das Kind. Das Kind, das vielleicht später auf seinem Rücken reiten durfte. Er musste folgsam sein, damit Josef auch ihm solch einen hübschen kleinen Sattel machte. Und er trottete ihm willig nach.

»Du bist ein lieber, fleißiger kleiner Esel«, lobte Josef. »Vielleicht verstehst du, dass wir viel Brennholz für Maria sammeln müssen. Sie muss das Haus warm halten, damit unser Kindchen nicht friert.« Da schämte sich der Esel seiner hässlichen Gedanken.

Als sie zu der Stelle kamen, von der Josef gesprochen hatte, fanden sie ganz viele Zweige. Josef lud auf, was der Esel nur tragen konnte. »Jetzt kehren wir um«, sagte Josef. »Ich gehe neben dir und stütze die Last.«

Inzwischen war es dämmrig geworden. Der Wind blies sie durch und durch, und es begann zu regnen. Es war ein richtiger Wolkenbruch. Der Regen peitschte ihnen in die Augen, dass die beiden fast nichts sehen konnten. Mühsam kamen sie vorwärts. Doch bald kannte sich Josef nicht mehr aus. Er blieb stehen und versuchte, den Weg zu finden. Es war unmöglich. Josef und der Esel hatten sich verirrt.

»Wir müssen uns mehr nach links halten«, meinte Josef und zog am Zügel. Aber der kleine Esel wollte nach rechts. Von dort waren sie gekommen. Weshalb nur wollte Josef in die entgegengesetzte Richtung? »Komm jetzt!«, bat Josef und zog, so stark er konnte.

Da setzte sich der Esel auf die Hinterbeine: keinen Schritt in die falsche Richtung!

»Bocke doch nicht gerade jetzt!«, flehte Josef. »Du warst in letzter Zeit so verständig und klug. Wir müssen zusammenhalten, damit wir zu Maria nach Hause kommen, bevor es Nacht wird.«

Genau das wollte der kleine Esel. So viel Josef auch zog, er rührte sich nicht vom Fleck. Um einige Zweige, die sich gelöst hatten, festzuzurren, ließ Josef für einen Augenblick die Zügel los. Darauf hatte der Esel nur gewartet. Er richtete sich blitzgeschwind auf und trabte nach rechts. Josef sprang hinterher und rief: »Halt! Halt! Wir verirren uns. Halt!«

Der Esel ließ ihn so nahe kommen, dass Josef ihn fast greifen konnte, dann trabte er wieder eilig davon. Josef musste ihm nach, müde und besorgt. Er fürchtete schon, Marias kleinen Esel zu verlieren.

Plötzlich blieb der Esel stehen und schrie. Josef konnte ihn in der Dunkelheit kaum mehr erkennen, aber er hörte sein triumphierendes »Iah! Iah!«.

Da endlich gelang es Josef, ihn fest an den Zügel zu nehmen. Er sah sich um und war bass erstaunt: Genau vor Nazareths Stadttor standen sie. »Nanu!«, wunderte sich Josef. »Kann ich denn meinen Augen trauen? Wir sind in Nazareth! Maria hat recht: Du bist der klügste Esel der Welt.«

Maria saß zu Hause im warmen Stall und melkte. Die Lämmer und Ziegen ließen ihr keine Ruhe. Sie knufften und pufften sie, scharrten mit den Hufen an ihren Knien, nur um geklopft und gestreichelt zu werden. Die älteren Tiere versuchten, ihre Jungen im Zaum zu halten, und tadelten deren Aufdringlichkeit.
»Lasst sie nur«, sagte Maria. »Sie sind so lieb und werden noch ruhig genug, wenn sie erst älter sind. Das geht schnell. Aber wo bleiben nur Josef und der Esel heute Abend? Wo sie wohl sind bei diesem Wetter? Bestimmt hat sie der Regen überrascht. Wenn ich nicht wüsste, dass die Engel sie beschützen, würde ich mich sorgen.«
Gerade in diesem Augenblick öffnete sich die Stalltür. Josef und der Esel kamen herein. Maria stand auf, half Josef die schwere Holzbürde abladen und trocknete den nassen Esel ab. Josef zog seinen durchnässten Mantel aus, während er erzählte, wie er sich verirrt, der Esel den richtigen Weg gefunden und ihn gezwungen hatte, hinter ihm herzugehen.
Maria lachte und meinte, sie hätte immer gewusst, dass ihr Esel der klügste auf der ganzen Welt wäre.
Und alle Tiere im Stall betrachteten bewundernd den Esel und das älteste Schaf sagte: »Kinder, zieht euch daraus eine Lehre!«
»Ja«, blökten die Lämmer und die Ziegen, »unser Esel ist sehr, sehr gescheit und ein großer Held.«
»Ach was«, meinte der Esel, »ich wollte nur so schnell wie möglich zu Maria. Deshalb habe ich den direktesten Weg nach Hause genommen.«
An diesem Abend, wie an allen anderen, sprachen die Tiere im Stall über Marias kleines Kind. Darüber vergaß der Esel völlig, wie durchgefroren und müde er war.
»Kommt es denn nicht bald?«, quälten die Lämmer.

»Glaubst du, dass es morgen kommt?«, quengelten die kleinen ungeduldigen Ziegen.
»Ein klein wenig dauert es noch«, antworteten die alten Tiere.
»Aber nur noch ein ganz klein bisschen«, ereiferte sich das Lämmchen. »Ein winziges bisschen.«
»Schlaft jetzt, Kinder, und seid lieb«, bat das älteste Schaf. »Sonst dauert es noch ganz schrecklich lange.«
Da wagte keines mehr weiterzusprechen. Bald schliefen alle. Die Lämmchen und die kleinen Ziegen träumten von dem Kind. Der Esel aber träumte von Maria.

Des Kaisers Gebot

Am nächsten Tag goss es in Strömen. Der Esel durfte in Ruhe bei seinen Freunden im Stall stehen. Er fand es herrlich, endlich auszuruhen.

Abends, als Maria beim Melken war, kam Josef herein.

»Solch ein Wetter!«, sagte er. »Schön, dass wir alles ins Haus gebracht haben, die ganze Ernte und das Holz für den Winter.«

»Ja, wir haben es gut«, antwortete Maria. »Josef, meinst du, dass wir der Judith etwas Holz abgeben können?«

»Ich glaube schon«, überlegte Josef. »Morgen kann sie eine Eselslast haben.«

»Da wird sie sich freuen«, lachte Maria.

»Du hast recht, Maria. Ich will ...«

Es klopfte kräftig an der Türe. Josef ging hin und öffnete. Er blieb lange draußen, und als er zurückkam, sah er bekümmert und besorgt aus.

»Wer war es?«, fragte Maria ängstlich. »War es etwas Schlimmes?«

»Wir müssen sofort nach Bethlehem reisen!«, sagte Josef.

»Bethlehem? Das ist doch weit. Was sollen wir denn in Bethlehem?«

»Der Kaiser hat befohlen, dass alle Völker in seinem Reich sich schätzen lassen«, erklärte Josef. »Alle werden in große Bücher geschrieben und jedermann muss in die Stadt reisen, aus der seine Familie stammt.«

»Aber könnte man sich nicht genauso gut in das Buch hier in Nazareth einschreiben?«, fragte Maria.

»Nein, es muss bei jedem in der Stadt seiner Väter geschehen; denn das hat der Kaiser befohlen. Ich gehöre zum Geschlecht Davids von Bethlehem, deshalb müssen wir dorthin.«

»Aber gerade jetzt kann ich doch nicht«, sagte Maria. »Mein Kind kann doch jeden Tag zur Welt kommen.«

Die Lämmer gerieten in große Unruhe, aber das merkten weder Maria noch Josef.

»Pst!«, mahnte das älteste Schaf.

»Der Kaiser hat befohlen, dass alle sofort reisen müssen«, sagte Josef. »Wir können es nicht aufschieben.«

»Lieber Josef, dann reise du allein. Du willst doch nicht, dass das Kind am Wegrand geboren wird? Oder gar bei den wilden Tieren in der Wüste?«

»Vielleicht schaffen wir es rechtzeitig bis Bethlehem«, tröstete Josef.

»Aber wir kennen dort keinen Menschen, bei dem wir wohnen könnten«, klagte Maria.

»Ich bin verzweifelt, Maria«, sagte Josef. »Aber du musst mitkommen. Der Kaiser hat befohlen, dass alle Menschen gezählt werden sollen. Sein Schreiber will selbst alle Familienmitglieder sehen, bevor er sie aufschreibt. Und dem Kaiser muss man gehorchen.«

Maria setzte sich hin und überlegte. Plötzlich stand sie auf und sagte: »Es mag doch noch gut gehen. Wir haben ja unseren tüchtigen Esel. Wer weiß, vielleicht gab Gott ihn uns eben für diese Reise. Ich packe alle Kindersachen zusammen, auch ein warmes Fell, worin das Kind schlafen kann, und viel Essen für die Reise. Das muss der Esel alles tragen. Und mich dazu, wenn ich müde bin.«

»Aber wer soll nur unsere Tiere versorgen, während wir weg sind?«, überlegte Josef.

»Morgen gehe ich zu meiner Schwester und bitte sie darum. Ihr Mann stammt aus Nazareth, sie braucht also nicht weg. Sicher bemuttert sie die Tiere gern, solange wir nicht zu Hause sind. Ich glaube, alles wird gut werden, Josef.«
Maria ging in die Stube und richtete das Abendbrot. Josef verschloss sorgfältig den Stall, damit keine wilden Tiere hineinschleichen und das Vieh rauben könnten. Dann ging auch er.

Aber im Stall herrschte großer Schrecken. Die Tiere hatten alles verstanden, aber sie begriffen es nicht. Die Lämmer und die kleinen Ziegen hatten sich aus Marias Worten nur gemerkt, das Kind könnte jeden Tag zur Welt kommen. Die Großen dagegen hatten begriffen, dass irgendetwas nicht stimmte.
»Nun kommt es, nun kommt es, nun kommt es«, riefen die Kleinen.
»Aber nicht hier«, entgegnete das älteste Schaf. »Josef hat deutlich gesagt, dass sie weit fortreisen müssen. Und Maria müsse mit.«
»Dann kann das Kind gut bei uns bleiben«, meinten die kleinen Ziegen. – »So etwas Dummes habe ich noch nie gehört«, tadelte sie das alte Schaf. »Mütter lassen ihre Kinder nicht zurück und reisen weg. Überhaupt ist das Kind noch gar nicht geboren.«
»Muss Maria denn jetzt fort, wo das Kind endlich kommen soll?«, jammerten die Lämmchen und die kleinen Ziegen, die langsam begriffen, aber sich noch dagegen wehrten. »Das ist nicht recht.«
»Habt Geduld«, mahnten die Großen. »Habt ihr nicht gehört, dass Maria gesagt hat, sie würde zurückkommen.«
»Aber das dauert noch lange«, jammerten die Jungen.
»Und wenn sie nicht mehr heimfinden?«, fragte das jüngste Lamm.

»Unser kluger Esel soll sie ja begleiten«, antwortete das älteste Schaf. »Da besteht keine Gefahr.«
»Nein, keine Gefahr«, stimmten die Kleinen zu. »Aber eil dich, so sehr du kannst, kleiner Esel.«
»Das will ich«, beteuerte dieser. »Auch will ich so vorsichtig wie möglich gehen, damit das Kind nicht den geringsten Schaden nimmt. Wir kommen bald zurück und dann wird alles gut. Schlaft jetzt.«
Allmählich beruhigten sich die Lämmer und die kleinen Ziegen - aber auch die großen Tiere -, und bald schliefen sie, Mensch und Tier, in Marias Haus.

Unermüdlich arbeiteten Maria und Josef in diesen Tagen. Der kleine Esel aber durfte meist im Stall stehen.
»Ruhe dich gut aus«, sagte Maria, »es ist ein weiter, weiter Weg nach Bethlehem.«
Josef machte alle Aufträge fertig, die in Nazareth bei ihm bestellt worden waren. Dann trug er sie zu den Kunden. Als das erledigt war, fegte er die Werkstatt, reinigte das Werkzeug und schloss ab.
Maria backte inzwischen Brot und packte es mit getrockneten und gepressten Feigen, Olivenöl und anderen guten Sachen in eine Esskiste.
Dann richtete sie die Dinge zusammen, die sie für das Kind genäht hatte: Windeln, Hemdchen und Wickel. Wie waren sie schön und fein!
Sie breitete alles auf dem Tisch aus, betrachtete es, dann rief sie Josef dazu; auch er sollte die Sachen bewundern. Danach bündelte sie alles in ein feines weißes Schaffell.

Als Maria fertig war, bürstete und flickte sie ihre eigenen und Josefs Gewänder, damit sie beide sauber und ordentlich in die Fremde reisten.

Natürlich besuchte sie noch ihre Schwester und bat sie, nach den Tieren zu sehen. Die Schwester war sehr traurig, dass Maria Nazareth verlassen musste, wollte aber gerne das Vieh besorgen. Auch die alte Judith bot ihre Hilfe an.

»Ich hatte immer gehofft, dass ich deinen Sohn wiegen dürfte«, sagte sie. »Das wollte ich so gerne, aber nun hüte ich stattdessen deine Lämmchen.«

»Danke, liebe Judith«, erwiderte Maria. »Darüber bin ich sehr froh.«

Als Maria am letzten Abend vor ihrer Abreise melken wollte, drängten sich die Tiere heftiger als gewöhnlich an sie.

»Ihr Lieben«, sagte Maria, »wisst ihr denn, dass ich verreisen muss? Ich seh es euren Augen an. Seid nicht traurig. Meine Schwester hat versprochen, dass sie gut zu euch sein wird. Und die alte Judith auch. Außerdem hat Judith Zeit, sie kann euch viel erzählen und euch verwöhnen, denn sie hat ja nichts anderes zu tun. Dafür ist meine Schwester immer ein bisschen eilig.«

Da blökten alle Tiere, aber es klang schrecklich jämmerlich.

»Aber, aber«, sagte Maria. »Ich komme bald zurück. Und dann, ja dann trage ich meinen kleinen Sohn auf dem Arm. Hört ihr, ihr Racker, ihr müsst dann vorsichtig sein und dürft nicht drängen und stoßen, denn er ist klein und fein und kann keine so harten Püffe vertragen. Seid recht lieb, solange ich weg bin. Aber ihr müsst warten lernen, denn einige Zeit dauert es bestimmt bis dahin.«

Maria nahm an diesem Abend Abschied von ihnen. »Ihr seid morgen noch nicht wach, wenn wir abreisen«, sagte sie.

Aber sie waren wach - alle - und betrachteten Josef missmutig, während er den Esel belud und alles Gepäck auf ihm festzurrte.
»Seid nicht traurig«, tröstete der kleine Esel seine Freunde, »wir gehen jetzt fort, aber wir kommen bald wieder.«
»Gib gut Acht auf Maria und ihr Kind«, ermahnten ihn die Tiere.
»Das verspreche ich«, antwortete der Esel feierlich.
»Komm jetzt«, sagte Josef und hob Maria in den Sattel. »Wir müssen gehen. Noch ist es dunkel, aber bald wird es hell. Wickle den Schal fest um dich, Maria, der Wind ist kalt heute Morgen.«
Und so begannen Josef, Maria und der kleine Esel die weite Reise nach Bethlehem.

Auf dem Weg nach Bethlehem

Es war weit von Nazareth nach Bethlehem. Der kleine Esel brauchte fast eine ganze Woche für diesen Weg, obgleich er von früh bis spät tüchtig trabte.
Der Esel war aber stolz, dass er Maria alle Tage auf seinem Rücken tragen durfte, und mit erhobenem Kopf trippelte er artig und beschwingt wie immer voran.
»Josef, wie froh bin ich über unseren Esel«, sagte Maria. »Ich hätte niemals den ganzen Weg gehen können. Es war gut, dass du ihn mir gekauft hast.«
In den ersten Tagen führte der Weg durch Gegenden, die sie kannten. Sie kamen an den Äckern und Weiden, an den Weinbergen, Olivenhainen und Feigenbaumwäldchen von Nazareth vorbei. Dann zogen sie durch fremde Dörfer, die aber Nazareth sehr ähnlich sahen.
Manchmal schüttete es in Strömen. Da freuten sich Maria und Josef, weil der viele Regen für die Pflanzen und Tiere gut ist. Manchmal schien die Sonne und da freuten sie sich, dass ihre feuchten Kleider trockneten und ihre durchfrorenen Glieder wieder warm wurden.
Schließlich erreichten sie einen Bach, der durch den heftigen Regen über die Ufer getreten war. Sonst war er nur ein schmales Rinnsal, das man leicht überqueren konnte. Aber heute war er ein breiter, brausender Fluss! Josef blieb besorgt stehen und strich sich nachdenklich den Bart.
Wie sollten sie da hinüberkommen?

Er band sein langes Gewand um die Hüfte. Dann machte er vorsichtig einen Schritt ins Wasser! Hui! Der Fluss hätte ihn beinahe mitgerissen. Eilig zog sich Josef ans Ufer zurück.
»Wenn ich nur wüsste, was wir tun sollen«, überlegte Josef. »Ich glaube kaum, dass der Esel da hinüber kann!
Wir müssen warten, bis das Wasser sinkt. Aber das kann einige Tage dauern.«
»Ich glaube, Gott zeigt uns einen Weg«, sagte Maria zuversichtlich. »Josef, schau, unser Esel!«
Der kleine Esel stolzierte plötzlich mit Maria auf dem Rücken am Ufer entlang. Er hatte eine lichte Gestalt entdeckt, die ihm winkte, und ihr folgte er. Es war ein Engel; aber weder Josef noch Maria konnten ihn sehen. Als der Esel zum Engel kam, nahm ihn dieser am Zügel und führte ihn ins Wasser.
»Halt! Halt! Esel!«, rief Josef erschrocken aus. »Maria, halte ihn zurück!«
Aber der Esel watete durchs Wasser und der Engel führte ihn über große, flache Steine ans andere Ufer. Josef sah zwar keine Steine, denn das Wasser überspülte sie, aber er stürmte dem Esel nach und kam ebenso gut ans andere Ufer.
»Maria«, sagte er. »Hast du große Angst gehabt?«
»Angst?«, fragte Maria verwundert. »Wovor sollte ich Angst haben? Ich glaube, Gottes Engel hat den Esel geführt, obgleich ich ihn nicht sah.«
»Du magst recht haben, Maria«, sagte Josef. »Es war sicher dumm von mir, solche Angst zu haben. Wie mein Herz klopft!«
Bald danach war Mittagszeit. Maria stieg vom Esel ab. Sie aßen und ruhten sich unter einem Feigenbaum aus, der voll neuer Knospen war. Josef fand noch einige essbare Winterfeigen und gab sie Maria.

»Sieh«, sagte Maria, »wie gut der Regen diesen Bäumen bekommt. Nun sehen sie nicht mehr so trocken und abgestorben aus. Neues Leben ist in ihnen.«
In diesem Augenblick erfüllte die Luft ein jubelndes Vogelkonzert. Ein Schwarm Vögel setzte sich in den Baum und zwitscherte aus Herzenslust.
»Wie sie sich freuen«, sagte Maria. »Hörst du, sie singen von meinem Kind.«
Da lachte Josef. »Woher willst du das wissen?«
»Das weiß ich eben«, sagte Maria geheimnisvoll. »Aber Josef! Hast du gemerkt? Es sind ja unsere Vögel!«
»Unsere Vögel?«
»Ja, erkennst du sie denn nicht? Es sind die Vögel aus unserem Garten in Nazareth. Ich kenne sie wieder. Dies ist der kleine, der immer so schief hüpft, und sieh, das ist der zahme, er wagt sogar, aus meiner Hand zu fressen. Erkennst du sie nicht, Josef? Und diesen kenne ich auch! Und diesen! Und diesen! Ja, sie sind es alle. O Josef! Die Vögel sind uns nachgeflogen. Sie wollen dabei sein und das Kind begrüßen.«
»Bist du wirklich ganz sicher, dass es unsere Vögel sind?«, fragte Josef, dem es auch schien, als kenne er sie.
»Ganz sicher«, sagte Maria. »Nicht wahr, mein kleiner Esel? Du kennst sie auch?«
Ja, der Esel kannte sie. Aber er hatte längst gemerkt, wie sie ihnen folgten. Manchmal waren sie vorausgeflogen, manchmal hinterdrein, dann wieder saßen sie auf einem Baum und zwitscherten, wenn der Esel vorbeitrippelte, und zwischendurch flogen sie ganz dicht bei Maria. Der Esel wunderte sich nur darüber, dass Maria sie nicht schon längst bemerkt hatte. – Nach der Rast setzten sie die Reise bis zum Abend fort. Es war

sehr anstrengend, so viele Stunden hintereinander zu wandern. Alle drei waren erschöpft, als die Sonne unterging.

»Wir dürfen jetzt nicht mehr weiter«, meinte Josef. »Wir müssen einen Platz suchen, wo wir die Nacht zubringen können.«

»Möglichst in einem Haus, Josef«, bat Maria.

»Frierst du? Vielleicht können wir doch noch ein Stückchen weiter und kommen bald zu einem Dorf«, sagte Josef.

Es dunkelte rasch, während sie weiterzockelten, und Josef fürchtete schon, dass sie kein Haus finden würden und doch gezwungen wären, im Freien zu nächtigen.

»Reg dich nicht auf, Josef«, sagte Maria. »Ich glaube, Gott wird uns helfen.«

Kaum hatte sie das gesagt, als dem Esel wieder ein Engel erschien und eifrig winkte. Der Esel lief zu ihm auf eine kleine Höhe. Von dort aus konnte man ganz nah ein schwaches Licht sehen.

»Josef, ein Dorf! Gott sei gelobt!«, rief Maria froh. Bald waren die Reisenden im Dorf. Josef pochte gleich an das erste Haus und bat um Herberge. Sie waren zu ganz armen Menschen gekommen. Der Hausvater bat sie herein und die Hausfrau forderte sie auf, mit ihnen das Abendbrot zu teilen.

Bald schliefen Maria, Josef und der Esel am fremden Ort ganz tief.

Am Morgen wurden alle vom Gesang der Vögel geweckt.

»Was sind das für Vögel?«, fragte der Mann.

»Das sind meine Vögel«, erzählte Maria. »Sie sind mit uns geflogen, denn sie wollen mein Kind mit ihrem Jubel begrüßen, wenn es auf die Welt kommt.«

»Vögel aus Nazareth?«, fragte der Mann verwundert.

»Was ist das für ein Kind, das da geboren werden soll«, fragte

die Frau, »dass die Vögel so weit mitfliegen, um bei seiner Geburt zu singen? Ist etwas Besonderes mit diesem Kind?«
Maria lächelte und nickte geheimnisvoll.
»Du musst wiederkommen und uns dein Kind zeigen, wenn ihr zurückkehrt«, bat die Frau.
»Gerne«, sagte Maria.
Die Kinder der armen Leute hatten sich inzwischen mit dem kleinen Esel angefreundet. Sie hatten Josef geholfen, ihn zu striegeln, gaben ihm Heu und Wasser und wollten sich nicht von ihm trennen. Ein kleiner Junge fing an zu weinen. »Mutter, können wir nicht auch solch einen Esel kaufen«, schluchzte er.
»Das können wir nicht«, sagte die Mutter. »Aber wenn du groß genug bist, kannst du dir das Geld dazu selbst verdienen.«
»Aber wir wollen ihn jetzt haben, Mutter, und manchmal darauf reiten«, jammerte der Junge.
Die anderen Kinder sagten nichts. Sie standen schüchtern um den kleinen Esel herum und streichelten ihn, wo sie nur konnten.
»Lasst doch die Kleinen uns ein Stück begleiten«, schlug Josef vor, »dann können sie ein bisschen reiten.«
Die Mutter lachte zustimmend.
Welch eine Freude!
Josef hob das kleinste Kind zu Maria hinauf und so zog die ganze Gesellschaft singend und jubelnd von dannen. Josef ließ den ältesten Jungen den Esel führen und ging selbst am Schluss. Nach einer guten Weile übergab Maria den Kleinen seiner großen Schwester und hob das nächste Kind hoch. Das war der Junge, der vorher so bitterlich geweint hatte. Jetzt war er mutig und schnalzte mit der Zunge, dass der Esel schneller traben sollte, ja er war so übermütig, dass Maria große Mühe hatte, ihn festzuhalten.

So durften sämtliche Geschwister nacheinander reiten. Sie waren schon recht weit von zu Hause weg, bis alle drangekommen waren. Da rastete die kleine Gesellschaft und die Kinder durften Marias Vesperbrot versuchen.

»Nun müssen wir euch aber nach Hause schicken, damit eure Eltern sich nicht sorgen«, erklärte Maria.

»Noch nie hatten wir so viel Spaß«, sagte die große Schwester. »Maria ist lieb.«

»Und der Esel«, rief der kecke kleine Junge.

»Und Josef«, fielen alle anderen ein.

»Kommt ihr bestimmt zurück?«, fragten sie. »Dürfen wir euch wieder begleiten?«

Ja, das versprach Josef.

»Darf ich dann den Esel führen«, fragte der kleine Junge, »denn bis dahin bin ich ein gewaltiges Stück gewachsen.«

»Ja«, sagte Josef, »du darfst ihn ein Stück weit führen.«

»Ich sammle für ihn jeden Tag saftiges Gras«, meinte der Kleine, »einen ganzen Haufen voll. So gut sollst du es bei mir haben, du kleiner Esel.«

»Bei uns auch«, beteuerten die anderen.

Schüchtern fragte die älteste Schwester: »Darf ich, wenn ihr zurückkommt, auch das kleine Kind mal tragen?«

»Ganz gewiss. Ich habe ja gesehen, wie du mit deinen kleineren Geschwistern umgehst. Bringe sie alle gut nach Hause. Ich bin sonst in Sorge um euch; ihr habt jetzt einen weiten Heimweg.«

Da nahmen die Kinder endlich Abschied. Aber solange sie Josef, Maria und den Esel sehen konnten, gingen sie rückwärts und winkten.

Gegen Abend waren die Reisenden in eine völlig einsame Gegend gekommen. Die Dörfer lagen sehr weit auseinander.

»Ich fürchte, wir müssen heute Nacht im Freien schlafen«, sagte Josef betrübt. »Von hier haben wir einen guten Rundblick, aber nach keiner Richtung hin kann ich Licht entdecken. Glaubst du, dass du sehr frieren wirst, Maria?«
»Wenn es nur nicht zu regnen anfängt«, antwortete Maria. »Doch die Nacht ist sternenklar, es wird schon gehen. Der Wind ist zwar kalt; aber wir können uns in den Schal einwickeln.«
Josef half Maria vom Esel. Sie setzte sich an den Wegrand und Josef merkte, dass sie vor Kälte zitterte. Er nahm seinen Mantel ab und legte ihn um sie.
»Nein«, sagte Maria, »du frierst genauso wie ich.«
»Behalte ihn vorerst«, bat Josef, »ich will sehen, ob ich nicht einen windstillen Platz finden kann.«
»Ja, Gott wird uns sicher auch dieses Mal gut schlafen lassen«, meinte Maria. »Aber wo ist nur der Esel?«
»Iiiaaahhh!«, antwortete es aus dem Dunkel.
Wieder hatte der Esel einen Engel gesehen, der ihm eine Grotte ganz in der Nähe gezeigt hatte. Offensichtlich übernachteten dort häufig Reisende, denn es lagen etwas Stroh und ein paar dürre Zweige um eine ausgebrannte Feuerstelle am Boden. Wie froh war Josef, als er in dem schwachen Sternenlicht merkte, was der Esel entdeckt hatte. Er holte Maria und schüttete ihr das Stroh zum Lager. Dann schlug er Feuer und zündete einige Holzscheite an. Es war richtig gemütlich in der dunklen Grotte.
»Wie Gott uns beschützt, Josef«, sagte Maria. »Jeden Abend finden wir ein Lager, selbst mitten in der Wüste.«
Sie schliefen ruhig und geborgen, bis die Vögel sie bei Sonnenaufgang weckten.

In der Räuberhöhle

Tag um Tag wanderten Josef, Maria und ihr kleiner Esel auf dem Weg nach Bethlehem. Manches Mal sah es schlecht für sie aus, doch jedes Mal zeigten die Engel dem kleinen Esel einen Weg. Aber einmal wäre es beinahe böse ausgegangen.

Die Reisenden zogen durch eine einsame Gegend. Gegen Nachmittag kamen sie zu einem Dorf. Sie schöpften Wasser aus dem Brunnen, und während sie sich ausruhten, überlegte Josef: »Wollen wir heute noch ein Stück wandern? Ich fürchte, es ist sehr weit bis zum nächsten Ort. Vielleicht erreichen wir ihn nicht vor Einbruch der Dunkelheit.«

»Aber findest du nicht, dass es noch zu früh ist, schon jetzt das Nachtlager zu suchen?«, erwiderte Maria. »Je näher wir Bethlehem sind, desto besser für uns.«

»Ich frage die Frau, die dort kommt«, sagte Josef.

»Wenn ihr rasch geht, könnt ihr den nächsten Flecken vor Einbruch der Nacht erreichen«, meinte die Frau und betrachtete sie neugierig. »Aber der Weg ist beschwerlich, steil und steinig. Na, euer Esel sieht kräftig aus, er wird es schon schaffen.«

»Es ist der beste Esel auf der Welt«, sagte Maria.

»Unterwegs gibt es aber Räuber«, fuhr die Frau fort. »Sie hausen oben im Wüstengebirge. Sie sind sehr gefährlich, wenn man ihnen in die Hände fällt. Vielleicht ist es besser, ihr wartet bis morgen. Ein paar Bauern aus dem Dorf wollen morgen nach Jerusalem und ihr könntet euch anschließen. Wenn es viele sind, wagen sich die Räuber nicht heran.«

»Ja«, meinte Josef, »wahrscheinlich ist es das Beste, wir warten. Reisen die Bauern morgen ganz sicher?«

»Ich denke«, antwortete die Frau. »Sonst übermorgen.«

»Sollten wir nicht doch versuchen, zum nächsten Ort zu kommen«, meinte Maria. »Es ist noch früh am Nachmittag. Unser kleiner Esel ist zuverlässig. Vor den Räubern wird uns Gott beschützen.«

Und sie reisten weiter. Anfangs war es ein so schöner Tag gewesen, doch nach einigen Stunden kam plötzlich Wind auf und ein fürchterlicher Wolkenbruch überraschte sie. Im Nu war es völlig finster, und zwar genau am schwierigsten Teil des Weges. Der Esel musste mit Maria vorausgehen und mit seinen Hufen den besten Weg ertasten. Josef stieg hinter ihnen, denn der Weg war sehr schmal.

»Wir müssen einen Unterschlupf suchen«, rief Josef, »du wirst ganz durchgeblasen.«

Aber der Esel fand nichts und Maria begann zu frieren.

»Auch wenn wir zu keinem Haus kommen, müssen wir bald halten«, dachte Josef.

Plötzlich verschwand der Esel vor seinen Augen, und er musste laufen, um ihn wieder einzuholen.

Der Esel hatte wieder einen Engel gesehen. Dieser winkte ihn auf die andere Seite eines mächtigen Felsblocks. Dort führte ein schmaler Steig entlang, und nach einem kurzen Weg gelangte der Esel zu einer Hütte.

»Josef! Hier steht eine Hütte!«, rief Maria und versuchte, sich nach Josef umzudrehen, der weit hinter ihnen ging.

Der Esel war schon bei der Hütte. Es war nur eine baufällige Bude ohne Türe. Aber am Boden brannte ein Feuer und drei bärtige Männer saßen drum herum und wärmten sich. Als sie

den Esel erblickten, sprang der eine auf, griff in die Zügel und führte ihn in die Hütte.
Wie froh war der Esel, dass Maria bei diesem fürchterlichen Wetter endlich ein Dach über dem Kopf hatte.
»Gute Leute, erlaubt uns, dass wir uns etwas aufwärmen«, bat Maria, »wir sind völlig durchnässt.«
Die Männer antworteten nicht gleich.
Maria sah sie gar nicht genau an, denn sie hatte ihre Augen aufs Feuer gerichtet und streckte ihre Hände danach aus. Aber Josef, der eben eintrat, sah, welcher Art die drei Männer waren. Genau in die Räuberhöhle hatte sie ihr kleiner Esel geführt. Genau ins Verderben!
»Gute Männer«, flehte Maria, »wir wollen euch keine Mühe machen, wenn ihr uns nur am Feuer sitzen lasst.«
»Kommt schon!«, sagte einer von ihnen rau.
Da Maria ihre Hände zu ihm ausstreckte, war er gezwungen, ihr vom Rücken des Esels zu helfen. Und in diesem Augenblick meinte er zu spüren, dass das Feuer heller brannte und die Luft im Schuppen wie an einem Frühlingstag duftete. Maria sank auf das Stroh am Boden. Josef zögerte unter der Tür; er wusste nicht, was jetzt das Beste sei.
»Josef, reich mir die Essenskiste herunter«, bat Maria, »du bist doch auch hungrig.«
Josef holte das Essen und Maria nahm das Brot heraus. Sie brach es in Stücke und sagte: »Der Herr segne unser Brot!« Sie reichte ein Stück Josef und dann den drei Räubern. Die drei waren so verlegen, dass sie kaum essen konnten. Wie lange war es her, dass sie gesegnetes Brot gegessen hatten!
Maria und Josef aßen, und der kleine Esel fing an, im Stroh am Boden herumzuknabbern.

Die drei Räuber saßen nach wie vor still da und beobachteten die Fremden. Sie konnten nicht verstehen, wie jemand ihre versteckte Hütte hatte finden können, aber eigentlich war es bequem, dass die Menschen direkt zu ihnen kamen. Man brauchte ihnen nur ihr Gepäck abzunehmen, wenn sie eingeschlafen waren, und sich dann mit dem Esel hinauszuschleichen. Sie mussten nicht einmal Gewalt anwenden.
Die drei Räuber sahen einander an und zwinkerten sich zu. Josef hatte erkannt, wer sie waren. Er sah besorgt aus und konnte kaum sein Essen hinunterwürgen. Aber Maria schien nichts zu ahnen. Sie sah mit wunderbar klaren Augen die Räuber an und lächelte, als ob sie gute alte Freunde wären.
Als Maria gegessen hatte, trocknete sie ihren Esel ab und sagte: »Ihr wisst gar nicht, was für ein kluger Esel dies ist!«
Und sie fing an zu erzählen, wie der Esel durch den reißenden Bach gewatet war und wie er jeden Abend für sie ein Nachtlager gefunden hatte. »Aber heute Abend glaubten wir schon, dass wir draußen übernachten müssten. Doch es war wohl ein Engel, der unserem kleinen Esel den Weg zeigte. Sonst hätten wir niemals diese Hütte hier draußen in diesem öden Gebirge gefunden«, schloss sie.
Die Räuber hörten ihr erstaunt zu. Sie fanden, die Frau sei doch sehr kindlich. Als ob ein Engel ihren Esel ausgerechnet in eine Räuberhöhle geführt hätte! Sie war wirklich sehr leichtgläubig!
Da kam dem Anführer ein Gedanke, der ihm Angst einjagte. Er wurde ganz bleich und der kalte Schweiß brach ihm aus.
Es war etwas Seltsames um diese Frau, das hatte er vom ersten Augenblick an empfunden. Als er ihr vom Esel herunterhalf, war es so licht und lieblich in ihrer Nähe gewesen. Nicht

das Feuer hatte aber heller gebrannt, obgleich er das zuerst glaubte! Nein, nun wusste er es: Ein anderes Wesen hatte sie begleitet, von dort waren diese Wärme und das Licht ausgeströmt. Ein Engel. Und danach hatte er hier gesessen und böse Pläne geschmiedet gegen Menschen, die von Engeln bewacht wurden! Ihm wurde kalt bei dem Gedanken, was ihm und seinen Kameraden geschehen wäre, wenn sie ihre Hand gegen diese Menschen erhoben hätten. Zu ihrem Glück hatte die Frau gesprochen, bevor sie ihr etwas Böses tun konnten. Er musste erreichen, dass seine Kameraden diese Fremden in Frieden ließen.

Die beiden anderen Räuber lachten höhnisch, als sie die muntere, einfältige Erzählung der Frau hörten.

Ganz unvermutet zwitscherte ein Vogel. Da unterbrach sie sich und rief: »Hörst du, Josef! Unsere Vögel haben den Weg hierher gefunden!«

Und dann begann sie eine noch verwunderlichere Geschichte über die Vögel von Nazareth. Sie erzählte, dass sie ihr auf der ganzen Reise nachgeflogen seien, um ihr Kind, das bald auf die Welt käme, zu begrüßen. Jedes Mal wenn sie rasteten, setzten sich die Vögel in einen Baum und zwitscherten für sie, und jeden Morgen weckten sie sie mit einem Lied.

Die Männer hielten die Frau für unheimlich kindlich, aber sie konnten nicht anders, als ihr zuhören. Und ganz unbewusst hoben sie den Blick und sahen, dass die Balken und Sparren voll von schlafenden Vögeln saßen.

Der zweite Räuber war ein rauer Gesell. Er schonte nichts und schlug unbarmherzig zu, um zu bekommen, was er haben wollte. Schon als kleiner Junge war er aber in Vögel vernarrt gewesen; auch hatte er immer eine besonders gute Hand mit ihnen gehabt.

Er starrte wie verhext auf Marias Vögel. Kaum dass es ihm bewusst war, sammelte er Brosamen und hielt sie mit ausgestreckter Hand hin. Dann pfiff er sachte. Einige Köpfchen kamen aus ihrem Versteck unter den Flügeln vor. Drei, vier Vögel flogen auf und umkreisten ihn, aber sie waren ängstlich. Sie wandten sich zu Maria, als ob sie um Rat fragten. Durften sie? Maria nickte. Der dreisteste, der kleine, der schräg hüpfte, flog auf die Hand des Räubers und pickte einen Brösel. Im Nu hatte er den ganzen Schwarm über sich. Sie setzten sich auf seine Hände, seine Schultern, seinen Kopf und zwitscherten und piepsten.

Der Räuber saß ganz still, um sie nicht zu verscheuchen.

»Wie ich mich nach Vögeln gesehnt habe«, sagte er. »Nach Vogelgesang. Hier im Gebirge hört man nur den Schrei des Geiers.«

»Freust du dich über die Vögel?«, fragte Maria.

Da taute der Räuber auf und fragte Maria und Josef nach den Namen der Vögel, fragte, wo sie ihre Nester bauten, wie viele Junge sie bekamen und vieles, vieles andere. Er wollte mehr wissen, als sie beantworten konnten.

»Ich verstehe gar nicht«, dachte er, »dass ich es so lange in diesem öden Gebirge ausgehalten habe. Morgen gehe ich fort, in eine Gegend, wo es Bäume mit Vogelnestern gibt; dort will ich bleiben und mein Leben mit meiner Hände Arbeit verdienen. Ohne diese Fremden mit allen ihren Vögeln wäre ich bis an mein Ende hier geblieben. Wie bin ich dankbar, dass sie kamen. Ich will sorgen, dass meine Kameraden sie in Frieden lassen. Wie glücklich haben mich Vögel immer gemacht.«

Der jüngste Räuber hatte weder nach Engeln noch nach Vögeln gefragt. Er war ganz jung, erst vor Kurzem zu den beiden anderen gestoßen. Er hatte ein gutes Zuhause gehabt, war aber immer

wild und unbändig gewesen. Auch wollte er stets der Erste und Beste sein. Aber eines Tages war ein anderer im Dorf zu größeren Ehren gekommen. In seiner Wut war er ausgezogen zu den Räubern, um sich einen Namen als »Ödlandschreck« zu machen. Ja, er wollte es seinem Dorf zeigen! Sie sollten sich vor ihm fürchten und vor seinem Namen zittern. Er hatte sich sehr wild und grimmig benommen, wenn er mit seinen Kumpanen auf Plünderung war.

Nun saß er da und ärgerte sich über die Kameraden. Er merkte sehr wohl, wie die beiden von der fremden Frau eingenommen waren und daran dachten, sie und ihren Mann zu schonen.

»Arme Alte!«, überlegte er verärgert. »Bald sind sie selbst wieder wie Kinder und taugen nicht länger zu Räubern. Na ja, was macht das schon. Heute Nacht, wenn alle schlafen, nehme ich das Gepäck und den Esel und verschwinde.«

Dann begann er, sich in seinen Gedanken auszumalen, was in dem Gepäck sein könnte. Bestimmt Wertvolles.

Irgendwie waren die Fremden merkwürdig, das spürte auch er. Wahrscheinlich waren sie nicht so arm, wie sie schienen. Die Frau hatte ein vornehmes Gesicht. Nun wusste er es: Sie war verkleidet! Sie glaubte wohl, dass sie ihre Kostbarkeiten sicherer durch das Land bringen konnte, wenn sie wie eine Bettlerin aussah, und hatte alles in diesem Bündel versteckt! Aber er durchschaute sie! Ihn konnte man nicht hintergehen! Und dieser Esel gehörte bestimmt nicht armen Leuten! Nein!

Sicher waren viele kostbare Dinge in dem Bündel! Und morgen würde es ihm gehören! In weiter Ferne wollte er es öffnen und ein reicher Mann sein! Und dann wollte er wilde Draufgänger um sich sammeln und Räuberhauptmann sein. »Der Ödlandschreck!« Zu Hause, in seinem Dorf, sollte man noch von ihm

hören! Dass sich die Leute nicht hinlegten und schliefen! Sitzen und die ganze Nacht plappern!
Er war so ungeduldig, dass er dauernd an seinen Nägeln kaute. Na, bestimmt wird es bald ruhig.
Aber wieder konnte der älteste Räuber nicht schweigen.
»Wer bist du eigentlich?«, fragte er Maria. »Die Vögel fliegen dir nach, aber ein Engel führt deinen Esel direkt in eine Räuberhöhle.«
»Ich bin nur Maria von Nazareth«, erklärte Maria, »und Josef ist einfach Josef. Nicht unseretwegen fliegen uns die Vögel nach und beschützen uns die Engel, sondern des Kindleins wegen, das bald auf die Welt kommt.«
»Kindlein?«, flüsterte der alte Räuber.
Da nickte Maria und lachte ihn an. Und in diesem Augenblick fiel die Furcht, die diesem Räuber das Erscheinen eines Engels eingeflößt hatte, von ihm. Er fühlte sich froh und gut.
»Wunderbar«, dachte er.
»Hier, ich zeige dir etwas ganz Feines«, sagte Maria geheimnisvoll zu dem Räuber. »Josef, hilf mir doch bitte, das Gepäck herunterzunehmen!«
Josef löste die Riemen. Der jüngste Räuber hielt vor Spannung den Atem an. Die rechte Hand umklammerte so fest den Messerknauf, dass die Knöchel weiß heraustraten. Was für Kleinodien besaß die Frau? Worauf war sie stolz?
Sie setzte sich zurecht und legte das Bündel auf ihren Schoß. Nachdem sie alle Strohhalme von ihrem Rock abgeklopft hatte, nahm sie einige kleine hübsche Kindersachen heraus und zeigte sie den verblüfften Räubern.
»Seht!«, sagte sie und reichte jedem von ihnen ein winzig kleines Hemdchen, »sind sie nicht fein?«

Der jüngste Räuber war so verdutzt, dass er sein Messer fallen ließ.
Josef sah das und stieß es blitzschnell mit dem Fuß ins Stroh. Aber das merkte der Räuber gar nicht. Er stand da, drehte und wendete das Hemdchen von einer Seite zur anderen und wurde im Gesicht rot und röter.
Welche Schande! Wenn er dieses Bündel mit Kleinkinderkleidern geraubt hätte! Welches Gelächter von Stadt zu Stadt, von Ort zu Ort! Das kleinste Kind hätte gelacht, wenn sein Name gefallen wäre: »Ödlandschreck«, der Erstlingswäsche geraubt hat. Oh!
Er warf das Hemdchen in Marias Schoß. Maria faltete sorgsam die Kinderkleider wieder zusammen. Alle schwiegen.
Da fing der Junge an zu sprechen: »Ich wollte ein Held werden. Aber man gewinnt keinen Ruhm, wenn man Kleider eines Kindes raubt, das noch nicht geboren ist. Erzähl deinem Kind, wenn es erwachsen ist, dass ›Ödlandschreck‹ daran dachte, seine Windeln zu stehlen; damit es erfährt, wie schlecht die Menschen sind.«
»Mein Sohn kommt, um denen zu helfen, die auf Irrwege geraten sind«, sagte Maria.
»Du sagst es«, rief der Junge. »Ja, ja, ich will umkehren und ein rechtschaffener Mann werden. Als Räuber kann man keine Ehre und keinen Ruhm gewinnen.
›Ödlandschreck‹! Haha! Wie dumm ich gewesen bin!«
»Ich gehe mit dir«, sagte der Alte.
»Ich will auch nicht mehr bleiben«, gestand der mit den Vögeln. »Ich hatte mir schon vorgenommen, morgen in eine Gegend zu gehen, wo es Bäume und Vogellieder gibt.«
»Maria von Nazareth«, sagte der alte Räuber. »Erzähle deinem

Kind, dass seinetwegen die drei schlimmsten Räuber aus diesem öden Gebirge auszogen, um redliche Menschen zu werden.«

»Ich werde ihm erzählen«, erwiderte Maria lächelnd, »dass drei gute Männer sich in einer Unwetternacht zweier armer Wanderer und ihres kleinen Esels erbarmten.«

Dann schliefen alle die ganze Nacht ruhig in der Räuberhöhle. Am nächsten Morgen zwitscherten die Vögel von Nazareth für drei frohe Männer, die keine Räuber mehr waren.

»Ich werde euch den besten Weg zum nächsten Dorf zeigen«, sagte der Junge.

Er nahm den Esel am Zügel und führte ihn auf einem kaum erkennbaren Pfad, bis in der Ferne ein Ort sichtbar wurde.

»Danke, lieber kleiner Esel von Maria«, sagte er, »danke, dass du gestern Abend zu uns gekommen bist.«

Er streichelte den Esel zum Abschied und sagte Maria und Josef Lebewohl. Diese wünschten ihm viel Glück. Danach ging er zu seinen Kameraden zurück, die schon ihre wenigen Habseligkeiten für die Reise in ein anderes Land zusammenpackten.

Bei den Hirten

»Weißt du was, Maria«, sagte Josef an diesem Tage, »ich glaube, wir werden morgen, wenn alles gut geht, Bethlehem erreichen!«
»Das wäre zu schön«, seufzte Maria, »das Kind wartet nicht länger. Wie wird es gut sein, endlich wieder ein Dach über dem Kopf zu haben.«
»Ei!«, dachte der kleine Esel, »wenn das so ist, muss ich mich beeilen.« Und er begann zu traben und zu traben, dass Josef neben ihm sich sehr beeilen musste, um überhaupt mitzukommen.
»Merkwürdig, dass unser Esel noch diese Kraft hat«, überlegte Maria, »den ganzen Herbst lang musste er sich plagen, und doch trägt er mich schon seit Tagen vom Morgen bis zum Abend auf seinem Rücken.«
»Ja, ja«, keuchte Josef. »Ich verstehe - nicht - wie er - das - aushält.«
Sie wanderten durch Weideland. Immer und immer wieder trafen sie auf große Schaf- und Ziegenherden. Häuser sah man keine, nur kleine Schuppen für die Hirten und Pferche aus niederen Steinmauern, in denen das Vieh übernachtete.
In der Dämmerung stand Josef vor solch einer Umzäunung. Unzählige Tiere waren darin zusammengetrieben und lagen Seite an Seite dicht beieinander. Die Hirten hatten ein Feuer gemacht, saßen daran und wärmten sich. Einer von ihnen wachte. Er hatte sich in ein Schaffell gehüllt und mitten im Eingang quer auf den Boden gelegt. Wer hinein wollte, musste über ihn steigen.

Aber wer es versuchen sollte, wurde sofort verjagt, denn wer kam schon bei Nacht: entweder ein wildes Tier, das ein Schaf rauben wollte, oder ein Dieb, um Vieh zu stehlen.

Josef ging zum Eingang. Der Hirte richtete sich misstrauisch auf.

»Was willst du?«, fragte er barsch.

»Lasst uns heute Nacht bei euch bleiben. Wir können Bethlehem nicht mehr erreichen.«

»Ja«, sagte der Hirte, als er Josef von Kopf bis Fuß gemustert hatte, »kommt herein. Ein Zelt haben wir nicht, nur ein Feuer. Wenn ihr damit vorlieb nehmen wollt ...« Er stand auf und führte Josef, den Esel und Maria hinein.

Ein zwölfjähriger Junge kam ihnen entgegengelaufen. »Lasst mich den Esel versorgen«, bat er eifrig. »Ein schönes Tier. Aber völlig nass. Hat er geschwitzt?«

»Ja, er hatte es den ganzen Tag über so eilig«, erklärte Josef und trocknete sich die Stirn. »Gut, dass wir nun ruhen dürfen.«

Der Junge rieb den Esel mit trockenem Gras ab, gab ihm Heu und frisches Wasser, kraulte ihn, sprach leise mit ihm und kümmerte sich um ihn, so gut er konnte. Als er sah, dass der Esel in der kühlen Nachtluft fror, zog er den Mantel aus und breitete ihn über dessen Rücken.

»Ruben, was tust du denn?«, rief sein Großvater.

»Der kleine Esel friert. Er war ganz nass von Schweiß«, sagte der Junge. »Ich brauche keinen Mantel. Ich friere nie.«

Der Großvater schüttelte den Kopf und befahl: »Komm zum Feuer, setze dich!«

Ruben folgte und der Alte hüllte den Jungen in seinen Mantel.

Als die Hirten merkten, wie müde und durchfroren Maria war, sagten sie: »Du kannst heute Nacht nicht auf dem freien Felde liegen. Es wird kalt, die Sterne leuchten unwahrscheinlich klar.«

Einer der Hirten hatte schon ein paar Ziegenhäute herbeigeholt, und alle halfen, daraus ein kleines, warmes Zelt zu bauen, gerade groß genug für Maria. Darin breiteten sie ein Fell auf dem Boden aus und ein Hirte brachte Ziegenmilch. Maria nahm alles dankbar an. Dann legte sie sich auf das weiche Fell und schlief augenblicklich ein. An diesem Abend war sie zu müde, um noch zu sitzen und zu plaudern wie am Abend vorher bei den Räubern.

Aber Josef hockte lange bei den Hirten am Feuer. Er erzählte von der Reise und den vielen Abenteuern. Die Hirten hörten aufmerksam zu, und als er erzählte, wie die Engel dem Esel stets den rechten Weg wiesen, nickten sie feierlich.

»Hast du einen Engel gesehen?«, fragten die Hirten.

»Nein, weder ich noch Maria; aber sie spürt es wohl, wenn einer in der Nähe ist.«

»Ja«, meinte der Alte, »gute Menschen spüren die Gegenwart eines Engels, aber auch sie sehen ihn nicht.«

»Unsere Väter sprachen oft mit Engeln«, fiel ein anderer ein.

»Damals erschienen Engel den Menschen noch«, meinte Ruben verträumt. »Aber jetzt nicht mehr.«

»Die Engel haben uns bis hierher geholfen«, sagte Josef, »und wir hoffen, dass sie uns auch bis Bethlehem führen, bevor Marias Kind zur Welt kommt.«

»In Bethlehem«, erklärte der alte Großvater stolz, denn er und alle anderen Hirten stammten von dort, »in Bethlehem ist König David geboren. Als Kind hütete er seines Vaters Herde, wie Ruben jetzt, und als er groß war, wurde er König und Hirte des ganzen Volkes.«

»Wir sind alle aus seinem Geschlecht«, fügte Rubens Vater hinzu.

»Wir auch«, sagte Josef, »deshalb müssen wir ja nach Bethlehem. Wir sollen dort geschätzt werden.«
»Ja, ja«, spann ein anderer Hirte den Faden weiter, »David wurde in Bethlehem geboren, aber wir warten noch auf den anderen König; er ist unseren Vätern von Gott verheißen.«
»Ruben, lass hören, was der Prophet über Bethlehems Kind sagt«, bat der Großvater.
»Aus dir, Bethlehem, soll mir kommen der Herzog, der über mein Volk Israel ein Herr sei«, hallte Rubens klare Stimme.
»Es steht auch geschrieben«, sagte Josef leise, »dass er der Gute Hirte sein wird.«
»Der alles Volk auf Gottes Wegen führen wird«, fiel Ruben eifrig ein.
»Ja«, erwiderte einer der Hirten, »so sagt die Schrift. Aber er kommt nie, obgleich wir ihn brauchen. Die Jahre gehen und gehen und alles bleibt unverändert.«
Der alte Großvater beteuerte: »Ich habe mir stets heiß gewünscht, dass ich Bethlehems Kind noch sehen darf. Zu meiner Zeit wird es leider nicht mehr kommen.«
Alle Hirten seufzten, denn lange und eifrig hatten sie auf den Guten Hirten gewartet.
»Weißt du was, Großvater«, sagte Ruben schüchtern, »ich glaube, dass er bald kommen wird. Ich spüre das.«
»Du kleiner Junge«, antwortete der Alte, »woher willst du das wissen?«
»Ja, eben geschah etwas sehr Seltsames«, erzählte Ruben. »Als ich dem Esel meinen Mantel über den Rücken breitete, glänzten seine Augen ganz sonderbar. So etwas hatte ich noch nie gesehen, es wunderte mich. Aber dann merkte ich, die Sterne spiegelten sich in seinen Augen. Ich drehte mich um und sah in

den Himmel hinauf und die Sterne leuchteten so stark, dass man sie fast hören konnte. Es war wirklich so! Und ich glaube, sie sangen: Bald! Bald! Bald!
Dann sah ich wieder den Esel an und er wusste auch: Etwas würde bald geschehen. Sicher dauert es jetzt nicht mehr lang, bis der Gute Hirte kommt.«
»Ruben, du musst dich in Acht nehmen, dass deine Phantasie nicht mit dir durchgeht«, sagte der Vater des Jungen streng.
»Wer weiß, vielleicht hat Ruben recht«, meinte der Großvater. »Die Sterne heute Nacht sind wirklich sonderbar.«
Danach wurde es still am Feuer. Einer nach dem anderen hüllte sich in seinen Mantel und schlief ein.
Nur der kleine Esel konnte nicht schlafen. Oh, er war so aufgeregt über Marias Worte, das Kind werde bald kommen. Sie hatte doch keine Zeit, die ganze Nacht über hier zu rasten und Stunde um Stunde vergehen zu lassen.
»Kleiner Esel, warum stehst du und stampfst mit den Hufen?«, fragte ein Schaf. »Warum schläfst du nicht?«
»Ich kann nicht«, seufzte der Esel. »Ich muss immer an Marias Kind denken. Wir haben schon lange darauf gewartet, verstehst du, und heute sagte sie, dass es nun nimmer auf sich warten lasse. Und ich hatte doch den Tieren zu Hause versprochen, Maria sicher und rechtzeitig nach Bethlehem zu tragen. Wenn wir es nicht erreichen ... Denk, wenn das Kind am Weg geboren wird. Könnte ich nur Josef und Maria wecken und sie schnell weiterführen.«
»Die Nacht ist zu dunkel, kleiner Esel«, entgegnete ein anderes Schaf, das zugehört hatte.
»Die Engel würden mir den Weg weisen.«
»Hast du heute Nacht einen Engel gesehen?«, gab das erste

Schaf zu bedenken. »Hat er dir gewinkt? Dann müsstest du ihm gleich folgen.«
»Nein«, zögerte der Esel. »Nein, ich habe ihn eben nicht gesehen.«
»Dann meinen die Engel bestimmt, dass ihr heute Nacht ruhen sollt«, sagte das Schaf.
»Schau, wie warm und schön die Hirten alles für die Frau gerichtet haben.«
»Ja, schau, wie gut sie schläft«, stimmte das andere Schaf zu. »Und ihr Mann schläft auch. Er muss schlafen, er auch, er war schrecklich müde, als ihr hier ankamt.«
»Ja«, seufzte der Esel. »Ihr habt recht. Wenn sie nur zeitig aufwachen.«
Am nächsten Morgen waren alle früh auf. Die Hirten baten Josef und Maria zu ihrer Morgenmahlzeit, und der kleine Esel bekam einen Arm voll Heu von Ruben. Die Vögel von Nazareth sangen ihr frohestes Morgenlied.
»Nun habt ihr es nicht mehr weit bis Bethlehem«, sagte Rubens Großvater. »Bis Mittag seid ihr dort. Schwieriger wird es, eine Unterkunft zu finden, denn es sind unendlich viele Menschen aus Davids Geschlecht zur Schätzung gekommen. Doch es wird schon glücken. Und wenn ihr wieder zurückkommt, würden wir uns über euren Besuch freuen, denn wir wollen gerne das Kind sehen, das in Bethlehem geboren wird; ein Kind aus Davids Geschlecht!«
Das versprach Maria gerne.
»Und ich habe dann wieder Heu und frisches Wasser für euren Esel«, versprach Ruben. »Er ist der schönste Esel, den ich kenne.«
»Du bist ein guter Junge, Ruben«, sagte Josef. »Der Herr sei mit dir auf allen deinen Wegen.«

Dann nahmen Josef und Maria von den Hirten Abschied und zogen weiter.
Aber an diesem Tag hatten sie viel Pech.
Zuerst kam ein kalter Regen, sodass sie völlig durchnässt waren. Danach blieb der Himmel bedeckt und grau den ganzen Tag über. Keine Sonne trocknete ihre Kleider und wärmte ihre durchfrorenen Glieder.
Dann geschah das Unglück mit dem kleinen Esel. Er hatte schlecht geschlafen und war müde. Als er einen steilen Berg hinaufkletterte, an dem lauter glitschige Steine lagen, rutschte er und wäre fast gestürzt. Maria schrie, aber der Esel konnte eben noch das Gleichgewicht halten und stieg weiter. Doch sein Fuß schmerzte. Bald merkten Josef und Maria, dass er hinkte.
»Du Ärmster«, tröstete ihn Maria. »Jetzt hast du mich lange getragen, aber bald sind wir da, dann darfst du ausruhen!«
Der Esel trabte so gut er konnte, wenn auch nicht so schnell wie sonst. Josef hatte an diesem Tage keine Mühe, ihm zu folgen.
Nachmittags kamen sie in Bethlehem an. Rund um die Stadt war eine Mauer, und die Reisenden konnten nur durch ein Tor hineinkommen.
Im Tor saß der Wächter. Josef musste erzählen, wie er hieß, wie Maria hieß und woher sie kamen und was sie wollten, bevor er sie durchließ.
Dann waren sie endlich in Bethlehem.
»O Josef, wie froh bin ich«, sagte Maria. »Der Herr sei gelobt, dass wir es erreicht haben. Und Dank, mein lieber kleiner Esel. Du hast es schwer und mühsam gehabt, aber du warst sehr tüchtig.«
»Er ist sein Gewicht in Gold wert«, meinte Josef befreit. »Ohne ihn hätten wir es nie geschafft.«

Der Esel fühlte sich stolz und froh.
»Iah, iah!«, schrie er und sah sich nach den Vögeln von Nazareth um.
Alle saßen in einer Reihe auf der Stadtmauer.
»Das hast du gut gemacht, kleiner Esel«, zwitscherten sie.

In Bethlehem

Josef und Maria entdeckten bald, dass Bethlehem eine Stadt mit ebenso kleinen Häusern und ebenso winkligen Straßen war wie Nazareth. Aber wohin sollten sie sich um Unterkunft wenden? Sie gingen aufs Geratewohl los und kamen bald zu einer Herberge. »Hier vermieten sie Zimmer an Reisende«, erklärte Josef. »Warte, ich will fragen, ob wir bleiben können.«

Aber als er hineinkam, waren schon alle Zimmer vergeben. Nicht der kleinste Winkel war frei. Es war überfüllt.

»Wir müssen zur nächsten Herberge«, sagte Josef zu Maria. »Es gibt bestimmt mehrere.«

Sie suchten von einer Gasse zur anderen.

»Habt ihr eine Kammer für uns? Meine Frau ist müde, ihr Kind kann jeden Augenblick geboren werden«, sagte Josef jedes Mal, wenn er eine Herberge betrat.

Und die Wirte antworteten immer gleich: »Unmöglich. Versuch es woanders.«

Als sie überall gewesen waren, meinte Josef: »Vielleicht nimmt uns eine Familie.«

»Am meisten sorge ich mich um unseren kleinen Esel«, seufzte Maria. »Sieh, wie er humpelt! Er muss ausruhen.«

»Versuchen wir es in diesem Haus«, sagte Josef und klopfte an. Ein alter, weißhaariger Mann öffnete.

»Lieber Freund, könnt ihr uns heute Nacht aufnehmen?«, fragte Josef. »Wir sind eben nach Bethlehem gekommen, aber es gibt keinen Platz für uns in einer Herberge.«

»Es tut mir Leid«, beteuerte der Alte. »Ihr hättet gerne hier bleiben können, aber kurz vor euch kam eine Familie mit Kindern und die ließ ich herein. Nun habe ich nicht die kleinste Ecke frei. Aber geht zum Nachbarn. Er hat ein gutes Herz.«
»Danke für eure Freundlichkeit«, sagte Josef. Und er klopfte am nächsten Haus an.
Dort erging es ihm ebenso. Und auch im nächsten Haus und im übernächsten, die ganze Straße entlang; es waren zu viele Menschen nach Bethlehem gekommen auf das Gebot des mächtigen Kaisers.
»Wenn der Esel noch könnte, wäre es das Beste, wir gingen zu den Hirten zurück«, überlegte Josef schließlich. »Aber ich weiß nicht, ob er sich in der Dunkelheit zurechtfindet.«
»Gott hilft uns bestimmt«, tröstete Maria. »Sei ruhig, Josef. Der Esel fand immer eine Unterkunft für uns.«
»Ich wollte, du hättest recht, Maria«, sagte Josef. »Aber der Esel ist ganz verändert.«
Ja, der Esel war ganz anders als sonst. Er hatte große Schmerzen im Bein und war schrecklich müde. Er ließ den Kopf fast bis zur Erde hängen. Deshalb sah er auch den Engel nicht.
Aber der Engel wusste Rat. Als der Esel nicht aufsah, winkte er den Vögeln von Nazareth. Die kamen gleich. Sie hatten alle den ganzen Nachmittag über den Esel, Josef und Maria kreuz und quer durch Bethlehem irren sehen und sorgten sich sehr. Nun freuten sie sich!
Plötzlich spitzte der Esel die Ohren. Was war das für Vogelgezwitscher, laut und klar in Dunkel und Kälte?
Natürlich, die Vögel von Nazareth. Und was sangen sie?
»Komm, komm, komm, kleiner Esel! Hier gibt es Raum und Wärme.«

Da reckte der Esel wieder den Hals und hob den Kopf hoch. Er sah den Engel am Ende einer kleinen Straße jenseits des Stadttors. Ohne zu lahmen, trippelte er eifrig in diese Richtung.
»Hörst du, Josef?«, fragte Maria. »Meine Vögel singen.«
»Ja«, sagte Josef. »Seltsam. Ich habe noch nie Vogelgezwitscher mitten in der Nacht gehört, und in einer so kalten dazu.«
»Der Esel hat den Weg erfahren«, lächelte Maria. »Er hat es plötzlich eilig.«
Nun setzte sich der Esel sogar in Trab und Josef musste hinterherlaufen. Das tat er nur zu gerne.
Da verschwanden plötzlich die dichten Wolken, die den ganzen Nachmittag und Abend den Himmel über Bethlehem verhüllt hatten, und der Himmel wurde klar.

Genau über der Stadt leuchtete ein großer Stern, wie ihn nie zuvor jemand gesehen hatte.
Als der Esel um die nächste Ecke bog, stand da ein strahlend weißes Haus. An der Tür winkte der Engel und lächelte, während im Garten die Vögel von Nazareth zwitscherten. Josef und Maria hörten die Vögel singen und sahen das Haus, aber den Engel, den sahen sie nicht.
»Was ist das für ein Palast?«, fragte Josef erstaunt. »Er glitzert über und über. Woraus mag er gebaut sein? Es muss eines sehr reichen Mannes Haus sein.«
»Da können wir nicht hineingehen«, sagte Maria ängstlich. »Einfache Menschen wie wir. Aber Josef, es sieht aus, als ob der Esel uns genau dahin führte.«
Josef versuchte, den Esel aufzuhalten, aber der Esel war starrköpfig.

»Lieber Josef«, sagte Maria, »vielleicht ist es doch richtig, meine Vögel singen in dem Garten.«
»Wirklich? Wirklich?«, fragte Josef verwundert.
Als sie aber näher an das Haus kamen, sahen Josef und Maria, dass es gar nicht vornehm und groß war, wie sie zuerst gedacht hatten. Es war ein einfacher, alter Stall mit windschiefen Wänden. Das strahlende Sternenlicht hatte ihn verzaubert und blendend weiß und stattlich erscheinen lassen.
»Oh!«, rief Maria erfreut. »Nur ein Stall! Da sollen wir bestimmt wohnen. Ich hätte auch nie geglaubt, dass wir in einem feinen Haus unterkommen, wir sind viel zu staubig und schmutzig.«
»Gut«, sagte Josef aufatmend. »Hier wollen wir wohnen. Das passt mir. Ich werde den alten Mann an der Türe fragen.«
Da stand tatsächlich ein alter, gebeugter Mann vor dem Haus. Er hatte das ungewöhnliche Vogelkonzert in der dunklen Nacht gehört und war hinausgegangen, um nach diesen Vögeln zu sehen. Da entdeckte er den Stern mit seinem hellen Licht. Aber weil er vor dem Stall stand, merkte er nicht, wie der Stern ihn versilberte. Dafür sah er den Esel mit Maria und Josef des Weges kommen. Und über ihnen lag der Sternenglanz so leuchtend, dass der Alte glaubte, ein König und eine Königin kämen auf ihn zu.
»Da kommt ja der König, von dem ich träumte«, dachte er. »Und seine Königin ist auch dabei. Welch schöne Kleider sie tragen, als wären sie aus reinen Silberfäden gewebt. Und wer hat je solch einen prächtigen Esel gesehen! Er glänzt wie teure Seide, und seine Hufe glitzern wie das reinste Gold. Wie soll ich wagen, sie in mein Haus zu bitten?«
Der Alte fing vor Aufregung an zu zittern, aber als die Reisenden sich näherten, beruhigte er sich. Auch sie waren arm: Ein

ganz gewöhnlicher Esel trug auf seinem Rücken eine arme junge Frau, und die Kleider des Mannes, der den Esel führte, waren einfach und staubig.
Während der Alte stand und vor Staunen blinzelte, verneigte sich Josef tief vor ihm und sagte: »Guter Mann, gebt uns Obdach für diese Nacht. Wir sind alle sehr müde. Meine Frau und mein Esel müssen ausruhen.«
Der Alte öffnete die Tür: »Ich habe nur diesen alten Stall. Neben meinem Schaf und meiner Kuh ist Platz genug darin, wenn ihr damit zufrieden sein wollt.«
»Und ob wir wollen!«, sagte Josef. »Nichts ist uns lieber.«
»Eigenartig«, erzählte der Mann, »letzte Nacht bekam ich im Traum den Befehl, meinen Stall in Ordnung zu bringen und alles Heu vom Felde einzuholen: Ein König würde zu Besuch kommen. Und als ich aufwachte, erfüllte ich alles, obgleich ich über mich lachte. Was sollte ein König in einem Stall? Was wollte er mit Heu? Und da kamt ihr des Weges und es strahlte und glänzte, als ob ihr tatsächlich König Salomo und die Königin von Saba wäret. Doch nun seid ihr arme Reisende. Mir ist das lieber; vor einem König wäre ich verlegen gewesen. Aber hier stehe ich und schwatze. Kommt herein! Tretet ein!«
»Weißt du was, alter Mann«, sagte Maria. »Wir dachten erst, dein Haus wäre ein strahlender Palast. Aber dann sahen wir, dass der helle Stern ihn versilbert hatte.«
»Ein merkwürdiger Abend«, bemerkte der Alte.
»Dieser große Stern, wie es noch nie einen gab, und Vogelgesang mitten in einer Winternacht. Der hat mich herausgelockt.«
»Das sind meine Vögel«, erklärte Maria. »Sie fliegen mir nach seit Nazareth. Sicher haben sie den Esel gerufen, damit wir uns zurechtfinden.«

»Gottes Wege sind wunderbar«, sagte der Alte. »Wollt ihr mit mir mein einfaches Abendbrot teilen und dann ruhen? Welch ein Glück, dass ich all mein Heu heute hereingebracht habe; darauf könnt ihr liegen.«

»Hier haben wir es gut«, meinte Maria.

»Besser könnten es kein König und keine Königin haben«, lachte Josef.

Der kleine Esel aber schlief schon in einer Ecke.

Er hatte Maria ans Ziel gebracht. Endlich durfte er schlafen.

Das Kind

Der kleine Esel träumte.

Er träumte, er weidete zu Hause in Nazareth auf Marias Wiese. Es war zeitig im Frühling und alles ringsum blühte, grünte und duftete. Die Vögel sangen und tollten durch die Luft vor lauter Freude. Er hörte Weinen und merkte plötzlich, dass die Vögel über Marias Kind jubilierten. Da schlug sein Herz bis zum Halse vor lauter Freude. »Nun ist das Kindlein geboren«, dachte der Esel im Traum.

Auch die Sonne wollte dabei sein und strahlte so hell, so grell in die Augen des Esels, dass er davon erwachte.

»Ach, nur ein Traum«, dachte der Esel enttäuscht.

Es war nicht Frühling, schon gar nicht Nazareth, sondern der alte, baufällige Stall in Bethlehem.

Aber - es roch doch nach Frühlingsblumen - und es wurde gesungen - und alles leuchtete und strahlte. Der Esel riss die Augen auf und sah sich um.

In einer Ecke im Stall saß Maria, und um sie herum im Kreise scharten sich Engel und sangen.

Die Engel drängelten sich immer dichter zu ihr hin, ja sie stießen sich mit den Flügeln. Was wollten sie nur sehen? Den Esel überlief es warm.

Da rückte ein Engel so weit zur Seite, dass der Esel durchsehen konnte.

Oh, Maria versorgte ein ganz kleines Kindlein.

Nun war es also geboren!

Josef hatte das Gepäck geöffnet und breitete die feine Wäsche aus, die Maria genäht hatte. Die Engel reichten sie Maria, und Maria wickelte das Kind fein und sauber ein. Dann hob sie den Kleinen hoch, damit ihn alle sehen konnten, und reichte ihn Josef. Josef legte ihn auf das Heu in eine Krippe. Gleich stellten sich alle Engel um die Krippe und sangen. Sie sangen herrlich schön, ganz leise, man konnte es kaum hören.
Josef und der Wirt horchten still und ruhig den Engeln zu, während sie das Kind betrachteten. Da blickte Maria zufällig zum Esel hinüber und merkte, wie er den Hals reckte.
»O Josef«, sagte sie, »zeige ihn auch unserem kleinen Esel!«
Josef führte den Esel zur Krippe. Da roch der Esel, dass das Heu wie Frühlingsblumen duftete.
Plötzlich war es Nacht im Stall. Alle Engel waren fort.
Nur durch einen Spalt im Dach leuchtete der Stern genau auf die Krippe herunter, alles andere lag im Dunkel. Der Esel sah ganz deutlich, wie es rund um das Kind glänzte und strahlte. Josef und der Alte sahen das auch.
»Der Stern leuchtet so hell«, sagte der Alte, »dass er dem Kind eine Krone aufsetzt. Nun fange ich an zu verstehen, warum ich träumte, dass ein König hierherkommen würde.«
Das Kindlein lag mit offenen, großen, dunklen Augen da. Der Esel musste es ein wenig beschnuppern. Was für feine Wangen es hatte, wie warm und weich sie waren! Es hatte Augen wie ein Engel.
Der Alte sagte: »Maria, sieh, wie deines Kindleins Augen strahlen! Wie helle Sterne! Man könnte glauben, des Himmelsreichs Herrlichkeit spiegle sich in ihnen. Ich frage mich, was ist das nur für ein Kind?«
Das sollte er bald erfahren.

Es klopfte an der Tür. Der Alte ging hinaus und öffnete. Draußen standen die Hirten, bei denen Josef und Maria letzte Nacht geschlafen hatten. Der Esel erkannte Ruben sofort wieder.
»Gibt es hier ein neugeborenes Kind?«, fragte ein Hirte.
»Das in Windeln gewickelt in einer Krippe liegt?«, rief eine klare, eifrige Stimme.
»Ja«, antwortete der Alte. »Kommt herein. Aber seid leise.«
Die Hirten betraten den Stall, gingen auf Zehenspitzen zur Krippe und fielen davor auf die Knie. Lange verharrten sie regungslos. Rubens Augen strahlten, und der alte Großvater trocknete sich die Tränen. Der Esel hörte die Engel draußen singen.
Die Hirten erhoben sich zögernd, als ob sie gern länger gekniet und gebetet hätten.
»Wo sind die Eltern des Kindes?«, fragte der Großvater. »Wir haben ihnen etwas Wunderbares zu erzählen.«
Als die Hirten Josef und Maria sahen, waren sie sehr erstaunt.
»Ihr seid es?«, sagten sie. »Wir erwarteten reiche Menschen. Aber Gott weiß es am besten.«

Dann begann der alte Hirte: »Wir wachten wie üblich bei unseren Schafen. Die Nacht war überhell vom Schein eines großen Sternes, den niemand jemals gesehen hatte. Plötzlich stand der Engel des Herrn vor uns und wir fürchteten uns sehr. Der Engel aber sprach: ›Fürchtet euch nicht! Siehe, ich verkündige euch große Freude, die allem Volk widerfahren wird. Denn euch ist heute der Heiland geboren, welcher ist Christus, der Herr, in der Stadt Davids. Und das habt zum Zeichen: Ihr werdet finden das Kind in Windeln gewickelt und in einer Krippe liegen.‹

Und im gleichen Augenblick sahen wir am ganzen Himmel singende Engel:

›Ehre sei Gott in der Höhe
und Friede auf Erden
und den Menschen ein Wohlgefallen!‹

Gleich verschwanden die Engel wieder, und wir sprachen zueinander: ›Wir wollen nach Bethlehem gehen und das Kind sehen, von dem der Engel gesprochen hat.‹ Hastig machten wir uns auf den Weg.«

»Aber wie konntet ihr hierher finden?«, fragte der Wirt verwundert.

»Das war nicht schwer«, antwortete ein Hirte. »Zuerst gingen wir den nächsten Weg nach Bethlehem. Dort sahen wir den Stern über diesem Haus leuchten, alle anderen lagen im Dunkeln. Man sah, wie Gottes Herrlichkeit sich darüber ergoss.«

»Mein Stall!«, sagte der Alte.

Dann war es lange still. Die Hirten standen und betrachteten das Kind. Es fiel ihnen schwer, sich zu trennen.

»Könnte ich doch bei dir und dem Kindlein bleiben«, seufzte Ruben und streichelte den kleinen Esel.

»Nun durfte ich doch erfahren, was das für ein Kind ist!«, überlegte der Alte. »Denkt! Der Heiland in meinem Stall!«

»Der Gute Hirte«, sagte Ruben glückstrahlend.

»Wahrlich, Gott hat uns eine große Freude gemacht«, sagte sein Großvater. »Aber nun müssen wir zurück zu unserer Herde. Es ist Zeit, die Tiere auf die Weide zu treiben.«

Die Hirten gingen. Es fing an zu tagen. Der Stern verblasste. Das Kindlein, Maria und Josef schliefen. Aber der Esel stand

noch immer vor der Krippe. Josef hatte vergessen, ihn an seinen Platz zurückzuführen. Er stand ganz still und wachte über das Kindlein.

Da besann er sich auf seine Freunde zu Hause in Nazareth. Der Esel wusste, es würde noch ziemlich lange dauern, bis Maria mit ihrem Kind nach Hause reisen konnte. Josef hatte das gestern angedeutet; zu viele Menschen waren nach Bethlehem zur Schätzung gekommen.

Der Esel wünschte sich herzlich, die Tiere zu Hause könnten eine Nachricht über das Kind erhalten.

»Schade«, dachte er. »Hier liegt nun das allerlieblichste Kind, mit Augen, in denen sich Gottes Herrlichkeit spiegelt, und die Schafe, die Ziegen und ihre Jungen wissen es nicht. Und doch warten alle so ungeduldig. Wie soll ich nur eine Nachricht schicken?«

Während der Esel dastand und grübelte, ging die Sonne auf. Die Vögel von Nazareth erwachten in den Bäumen um den Stall und stimmten ihr fröhliches Jubellied an. Einer äugte neugierig durch die Dachluke.

»Esel!«, flüsterte er. »Dürfen wir das Kind sehen? Wir haben heute Nacht die Engel gehört und gesehen, da wussten wir, dass es geboren war, aber wir wagten nicht, mit den Engeln zu singen. Dürfen wir jetzt hereinkommen?«

Schon flog ein Spatz durch die Luke. Es war der kleine, der so schief hüpfte. Er setzte sich gleich auf den Rand der Krippe.

»Pst!«, machte der Esel.

Aber als der Vogel das Kind sah, konnte er unmöglich still bleiben. Er gab einen winzigen Piepser von sich. Das war zu viel für die Kameraden draußen. Sie drängelten sich durch die Dachluke, und bald war der ganze Schwarm im Stall. Sie setzten sich hin, wo sie nur Platz fanden, dicht, dicht an die Krippe! Einige setzten sich sogar auf die schlafende Maria und eine ganze Schar auf den Esel.

»Pst! Seid doch leise! Pst!«, mahnte der Esel. »Ihr dürft schauen, aber ihr müsst still sein, damit ihr ihn nicht weckt.«

Einen Augenblick waren die Vögel tatsächlich mäuschenstill. Als aber der Mutigste unter ihnen es nicht lassen konnte und sich auf des Kindleins Hand setzte, flogen gleich drei andere daher und jagten ihn weg.

»Seid doch artig«, flüsterte der Esel. »Sonst dürft ihr nicht bleiben.«

Da machte das Kind mit seinen Händchen eine Bewegung im Schlaf. Das war zu viel für die Vögel. Sie jubelten ihr Lied. Oh, wie sie zwitscherten, trillerten und sangen!

Maria erwachte und lächelte, dann erwachte Josef, und auch er musste lachen.

Der Alte aber erklärte, dass ihn nun nichts mehr in Erstaunen versetzen könnte.

Schließlich wachte auch das Kindlein auf. Beschämt und ängstlich, weil sie es geweckt hatten, schwiegen die Vögel. Nur der Mutigste wagte, an die Krippe heranzuflattern und seine Künste zu zeigen.

»Meine kleinen Vögel«, sagte Maria. »Habt Dank für euren Gesang. Nun habt ihr mein Kind gesehen. Wäre es nicht das Beste, ihr fliegt wieder nach Hause, denn ohne euch ist es bestimmt sehr leer in Nazareth.«

Da wusste der Esel, wie er Nachricht senden könnte.

»Liebe Vögel«, sagte er, »folgt Maria und fliegt nach Hause. Und erzählt allen - besonders aber den Lämmchen und kleinen Ziegen -, was hier geschehen ist.«

»Wir wollen nur noch ein Wiegenlied für das Kindlein singen«, baten die Vögel. »Dürfen wir?«
Und sie sangen so leise und schön, dass das Knäblein wieder die Augen schloss und weiterschlief.
Dann flogen die Vögel durch die Luke hinaus. Sie zwitscherten zum Abschied und verschwanden nach Norden, nach Nazareth.
»Was für ein Glück sie haben, dass sie heim dürfen«, dachte der Esel. »Ich habe auch Heimweh nach Nazareth. Dennoch bin ich glücklicher als alle, denn ich darf bei dem Kindlein, bei Maria und Josef bleiben und ihr kleiner Esel sein.«

Bethlehem

Marias kleiner Esel stand vor dem alten Stall. Er war mit einem Strick festgebunden.

»Wir sind nun lange genug in Bethlehem«, dachte er und schnupperte dabei im frischen Stroh. »Ich will zurück nach Nazareth. Ich habe solches Heimweh. Wenn ich mir vorstelle, wie Marias Lämmchen und kleine Ziegen dort auf uns warten und fragen: ›Kommen die nicht bald, Mutter?‹, und wie sie ungeduldig mit den Beinen aufstampfen.«

Der kleine Esel konnte sich das Lachen kaum verbeißen, als er an die kleinen Spielkameraden zu Hause dachte.

»Aber jetzt gehen wir bald! Ich hörte, wie heute Josef zu Maria sagte: ›Nun sind es nur noch wenig Familien, die geschätzt werden sollen.‹ Maria aber fragte: ›Warum nur, lieber Josef, mussten gerade wir bis zuallerletzt warten?‹ Da antwortete Josef: ›Alle sagen, dass sie es so eilig haben.‹ Und Maria seufzte: ›Sicher, wir haben es hier gut, und doch wünschte ich, wir wären endlich wieder in unserem kleinen Haus. Ich denke so viel an unsere Tiere.‹ – ›Sei nicht traurig, Maria‹, beruhigte Josef sie. ›In ein paar Tagen sind wir auf dem Heimweg.‹«

Und dem kleinen Esel wurde so froh ums Herz, dass er einen kleinen, hohen Schrei ausstoßen musste.

»Iah!«, machte er vorsichtig, denn es konnte doch sein, dass Marias Kind im Stall schlief, und er wollte es nicht wecken.

»Es ist ganz weich und zart. Wenn ich es an die Wange stupse, ist dies so herrlich, wie wenn ich zu Hause meine Nüstern in das kühle Bachwasser tauche. Und seine Augen glänzen mild wie die gute Frühlingssonne, als sie endlich nach diesem langen Winter zum ersten Male wieder schien. Kein anderes Kind auf der Welt hat solche Augen. Das sagen auch alle Hirten. Und der alte Mann im Stall sagt es auch. Und seine schwarze Kuh und das liebe kleine Schaf denken genauso.«

Als der Esel so über das Kind nachdachte, musste er noch einmal »Iiaah« machen.

»Worüber lachst du, kleiner Esel?«, fragte das Schäfchen, das am dürftigen Gras an der Stallmauer knabberte.

»Oh, ich denke nur an Marias Kind«, sagte der Esel. »Es ist das schönste Kind auf der ganzen Welt. Und das liebste und klügste und süßeste und ... und ...«

»... netteste und feinste«, blökte das Schaf weiter. Es konnte nicht leiden, wenn der Esel prahlte. »Hast du schon einmal darüber nachgedacht, wie es klingt, wenn der Junge lacht?«

»Aber sicher! Ich meine, es klingt wie Engelsgesang. Erinnerst du dich noch, wie die Engel sangen in der Nacht, als er geboren wurde?«

»Wie Engelsgesang?«, fragte das Schaf verblüfft. »Das kommt dir vielleicht so vor, ich finde, es hört sich eher an wie Regenwasser.«

»Wie Regenwasser?«, rief der Esel bestürzt.

»Ja, wenn das Wasser in die Regentonne plätschert. Oder meinetwegen auch wie kleine Glocken.«

»Engelsgesang!«, sagte der Esel bestimmt.

Die schwarze Kuh erwachte gerade aus einem kleinen Schlummer, öffnete die Augen und sagte: »Ich habe gehört, wie Maria vor einem Weilchen zu meinem Herrn sagte, dass ihr heimreisen wollt. Ist das wahr, kleiner Esel?«

»Sicherlich!«, bestätigte der kleine Esel und wedelte vergnügt mit seiner Schwanzquaste hin und her.

»Könnt ihr nicht noch ein bisschen bleiben?«, fragte das Schaf. »Wenigstens bis er gehen kann. Ich denke mir das sehr lustig, ihn herumspringen zu sehen.«

»Nein«, sagte der Esel. »Wir müssen so schnell wie möglich heim.«

»Aber bleibt doch wenigstens, bis er zu krabbeln anfängt«, bettelte das Schaf.

»Nein, das ist unmöglich. Maria hat ihre Tiere zu Hause, sie warten auf uns, und Josef hat seine Werkstatt.«

»Ich habe mir immer gewünscht, den Jungen sprechen zu hören«, brummte die Kuh. »Ich bin ganz sicher, dass er nur edle und gute Worte lernen wird.«

»Ja, ganz sicher«, meinte der Esel.

»Könntet ihr also nicht doch bleiben, bis er zu sprechen anfängt?«, fragte die Kuh. »Das dauert nicht mehr sehr lange.«

»Nein«, sagte der Esel. »Wir reisen noch in dieser Woche.«

Die Kuh und das Schaf sahen ganz betrübt aus, nur der Esel hob froh sein Haupt und blickte zum Himmel empor.

»Guck mal! Ein herrlicher Stern!«, rief er aus.

Die beiden anderen starrten nach oben. Die Sonne war gerade untergegangen. Die Dunkelheit zog rasch herauf. Der große Stern erglänzte heller und heller.

»Halt! Ich erkenne ihn wieder«, staunte der Esel. »Das ist derselbe Stern, der über unserem Stall leuchtete, als wir hierher kamen.«

»In der Nacht, als das Kind geboren wurde?«, fragte die Kuh verwundert.

»Ja, richtig. Er strahlt genauso klar und hell wie damals.«

»Ich möchte nur wissen, was heute Abend noch geschehen wird«, sagte das Schaf. »Vielleicht kommen die Engel wieder hierher?«
»Wer weiß«, brummte die Kuh.

Die Fremden

Maria und Josef kamen heraus.

»Wie merkwürdig ist dieser Abend«, meinte Maria. »So still und licht.«

»Ja, es ist alles ganz feierlich«, stellte auch Josef fest. Der alte Mann streckte seinen Kopf aus dem Stall.

»Was leuchtet denn da?«, fragte er.

»Ein Stern«, antwortete Josef. »Er steht genau über dem Stall.«

»Jetzt erkenne ich ihn wieder«, freute sich Maria. »Das ist doch der Stern, der uns in der Nacht hierherleuchtete, als der Junge geboren wurde. Es ist das gleiche helle Licht. Ich möchte nur wissen, was heute Nacht geschehen wird!«

»Ja, ja. In jener Nacht kamt ihr«, sagte der Alte. »Dort hinten an der Wegbiegung sah ich euch. Und ich dachte, dass ein König und seine Königin kommen.«

»Und dann waren es nur wir. Müde Menschen. Aber seht, da kommen doch Leute«, sagte Maria erstaunt.

»Heute Abend sind es wirklich mächtige Leute. Sie sind wohl auf der Durchreise«, stellte Josef verwundert fest. »Schaut, was für gewaltige Kamele die haben, die glänzen ja wie Silber.«

»Und was für stattliche Reiter das sind!«, rief Maria aus. »Josef, schau mal, sie kommen hierher. Wie merkwürdig!«

»Nichts ist merkwürdiger, als dass ihr kamt«, sagte der Alte. »Nichts kann mich mehr verwundern.«

Inzwischen waren die Reisenden am Stall angelangt. Man konnte deutlich sehen, wie fein und vornehm sie waren. Ihre

Kamele waren wunder-, wunderschön. Ihre Sättel und das Geschirr waren geschmückt mit Gold und Edelsteinen. Alles glitzerte und funkelte im Sternenlicht, wenn das vorderste Kamel den Kopf bewegte. Und wie edel die Reiter erschienen. In ihren wertvollen Gewändern sahen sie wie Fürsten aus.

»Wir suchen den neugeborenen König von Juda«, sagte der erste unter ihnen.

»Wir sahen einen Stern im Osten, und er hat uns den ganzen Weg von dort bis hierher zu diesem Hause geführt«, sagte der nächste.

»Wir sind gekommen, um der Welten Licht zu grüßen«, sagte der dritte.

Josef stand stumm vor Staunen. Er sah sich nach Maria um, aber sie war schon zu ihrem Kind in den Stall hineingegangen. Die drei Reisenden waren offensichtlich ganz sicher, an der richtigen Stelle angekommen zu sein, denn sie winkten ihren Dienern, ihnen von den Kamelen herunterzuhelfen. Erst jetzt sah Josef, dass sich hinter den drei großen noch mehrere kleine Kamele befanden. Ihre Reiter sprangen rasch aus den Sätteln und eilten nach vorn, um ihren Herren zu dienen.

Wie groß und stattlich der erste Fremdling war, konnte man erst richtig erkennen, als er aufrecht stand. Er streckte die Arme dem Stern entgegen.

»Der sieht wie ein Riese aus«, dachte Josef verwundert. »Wie ein junger Held oder ein Recke.«

»Nun«, fragte dieser mit tiefer Stimme, »wo ist das Königskind?«

Josef blieb stumm vor Staunen. Im selben Augenblick aber hörte man ein munteres Juchzen aus dem Stall.

»Dort drin!«, rief der zweite.

Er war nicht so groß wie sein riesenhafter Freund. Er hatte strenge, gebieterische Augen und machte den Eindruck eines unerbittlichen und unfehlbaren Menschen. Josef erkannte gleich, dass er hier einen Herrscher über ein großes Volk vor sich sah. Aber nun musste selbst dieser seinen stolzen Nacken beugen, als er den Stall betrat.

Den dritten Fremdling musste man vom Kamelrücken herunterheben. Er war sehr alt, ganz hager und gebückt. Er musste sich schwer auf seinen Stock stützen.

Drinnen im Stall war es dunkel, nur durch eine Ritze im Dach fiel Sternenlicht auf die Krippe. Es glitzerte und strahlte rund um das Kind, das auf dem Stroh saß und den Eintretenden entgegenlachte und winkte.

»Ist es der Stern, der so leuchtet, oder leuchtet das Licht vom Kinde her?«, dachten die Männer verwirrt und verbeugten sich bis zur Erde vor dem Kleinen.

Da lachte er vor Vergnügen. Gleich war der ganze Stall voll von lustigem Gezwitscher, sogar die ernsten Männer mussten lächeln.

Der starke Recke fiel auf die Knie. Da reckte und streckte das Kind seine Ärmchen, als ob es zu ihm wolle. Maria hob es hoch und legte es in seine Arme.

»Oh du König der Erde«, flüsterte der Mann. »Ich bin der Stärkste aller Menschen, aber ich werde schwach wie ein Kind, wenn ich dich in meinen Armen halte; denn du bist stärker als ich.«

Er küsste demütig die kleinen greifenden Fingerchen und reichte den Knaben weiter an den nächsten Fremdling.

»Ach, dass ich dich in meinen Armen tragen darf«, sagte der sanft. »Der du der ganzen Welt Herrscher sein wirst! Ich bin reich und mächtig und die Menschen folgen auf den kleinsten

Wink von mir, aber in deiner Nähe erkenne ich, dass ich armselig und gering bin; denn du bist mächtiger als ich.«
Er küsste behutsam das Haar des Kindes und legte es dann in die Arme des dritten Fremdlings. Dieser zitterte so, dass er kaum das Kind halten konnte. Doch bat er nicht, dass man ihm helfe.
»Du Kind, du Kind!«, flüsterte er. »Dass du endlich gekommen bist, du, auf den die ganze Welt so lange gewartet hat. Ich verfüge über alle Weisheit dieser Welt, aber wenn ich dich in meinen Armen halte, fühle ich mich unwissend wie ein Kind; denn du bist weiser als ich.«
Das Kind lachte und zog kräftig an dem langen, weißen Bart. Maria eilte hinzu und löste die festen kleinen Fingerchen. Der Alte küsste das Kind auf die Stirn und lächelte. Dann zog er eine weiße Ledertasche hervor und schüttete grobes braunes Korn in eine Schale. Er zündete es mit etwas Glut aus dem Herd an. Da füllte sich der niedrige Raum mit Schwaden herrlich duftenden Rauchs.
Josef und Maria sahen ihn verwundert an. Da sprach er: »Wir drei sind den weiten Weg aus dem Morgenlande gekommen, um einem König zu huldigen. Zu seiner Ehre haben wir Weihrauch entzündet, wie es Brauch ist in unserem Land.«
Der nächste Fremdling öffnete einen Schrein, ihm entnahm er ein Kästchen mit Myrrhe. Auch sie duftete herrlich. Aber die Myrrhe brauchte man nicht anzuzünden, um die Lieblichkeit ihres Dufts zu empfinden.
»Das Kostbarste, das ich besitze, ist Myrrhe«, sagte er. »In unserem Lande ist es Brauch, sie Königen zu schenken.«
Der stattliche Fremdling stand neben der Krippe und spielte sanft mit dem Kind, das an seinem Ring herumfingerte. Es woll-

te die ungewöhnlich große, schimmernde Perle greifen. Da zog der Mann seinen Ring ab und legte ihn in des Knaben Hand.
»Königskind, du sollst den Ring der Wahrheit haben«, sagte er. »Es ist das Kostbarste, das ich besitze.«
Dann holte er Goldmünzen hervor und reichte sie Josef.
»Dieses Gold ist für den Jungen«, sagte er.
»Aber ein kleines Kind braucht keine solch großen Geschenke«, wandte Maria ein.
»Wir sahen vor einigen Monaten einen wundersam leuchtenden Stern in der Nacht. Wir erkannten sofort, dass dies die Stunde der Geburt unseres großen Königs sei, und beschlossen, diese Reise anzutreten, um ihn zu ehren«, sagte der älteste der Männer.
»Wir sind gekommen, einem König zu huldigen. So sollen auch unsere Gaben königlich sein«, ergänzte der andere.
Maria antwortete: »Ihr habt recht. Ein König wird er werden. Der Engel verkündete es.«
Nun wollten die Fremden mehr darüber hören. Maria erzählte vom Engel Gabriel, der zu ihr nach Nazareth gekommen war und ihr verkündet hatte, dass dieses Kind der Erlöser der Welt und König werden würde.
Alle hörten gespannt zu. Dann sagte der Alte: »Gottes Wege sind unerforschlich.«
»Er hat uns auf wunderbare Weise hierher geführt«, meinten die beiden anderen.
In der Türöffnung drängten sich die Sklaven. Auch sie waren neugierig auf das Kind, das ihre Herren den weiten Weg in das Land der Judäer gelockt hatte. Sie reckten ihre Hälse, damit sie es sehen konnten. Maria bemerkte sie.
»Kommt herein, kommt herein«, sagte sie und machte für sie Platz an der Krippe.

»Aber was strahlt hier denn so?«, flüsterten die Sklaven. »Sind es die Augen des Kindes, oder ist es der Stern, der hier hereinleuchtet?«
»Dieses Kind wird einmal der Welt König sein«, sprach der Alte. Da fielen die Sklaven auf die Knie und berührten den Boden mit der Stirn. Das Kind lächelte ihnen ebenso zu wie zuvor den vornehmen Herren.
»Mögest du so mild bleiben, wie du jetzt bist«, sagte einer der Sklaven. »Dann wirst du die Welt mit Gottes Zepter lenken, und in deinem Reich wird auch das Leben armer Sklaven einen Wert erhalten.«
Der Kleine nickte und sah einen Augenblick lang fast nachdenklich aus.
»Es scheint, als ob er uns versteht«, sagten die Sklaven erfreut. Maria hob das Kind auf und legte es in die Arme eines Sklaven. »Ja, er wird ein König werden«, sagte sie ruhig. »Aber er wird auch der Erlöser der Welt, und daher muss er aller Menschen Diener sein - auch der Sklaven Diener.«
»Oh König der Könige, du willst der Diener der Diener werden!«, jubelten die Sklaven. »Wie gut ist Gott, dass er dich den Armen auf Erden gesandt hat!«
Maria legte das Kind in die Krippe zurück, wo es sofort einschlief. Alle standen noch ein Weilchen still um es herum: die vornehmen Herren und die armen Sklaven. Dann sagte der stattliche Fremdling: »Richtet die Zelte für die Nacht! Es ist Zeit zu ruhen. Morgen müssen wir beizeiten zur Heimreise aufbrechen. Die Reise nach Bethlehem war sehr lang«, wandte er sich dann an Josef. »Wir müssen nunmehr so schnell wie möglich wieder zurück. Wir wollen unterwegs nur noch König Herodes in Jerusalem besuchen. Auf unserem Weg hierher

sind wir in seinem Palast gewesen und haben ihn nach dem neugeborenen König der Judäer gefragt. Aber Herodes hatte noch nichts von ihm gehört. Er freute sich daher sehr, alles zu erfahren, was wir zu berichten wussten. Er bat uns, auf dem Rückweg vorbeizukommen und ihm zu erzählen, wo das Kind sei, damit auch er kommen und ihm huldigen könne.«

Da zog ein kalter Wind durch die Nacht, und das klare Sternenlicht erlosch. Maria hüllte schaudernd ihren Schleier um das Kind. Sie wusste, Josef wusste und auch ihr Wirt wusste, dass Herodes ein sehr böser König war. Sie konnten nicht glauben, dass er dem Kind wohlgesinnt war. Aber sie wagten nicht, dies den vornehmen Gästen zu sagen.

»Josef, ich habe solche Angst«, flüsterte Maria, als sich die Fremden in ihre Zelte zurückgezogen hatten. »Ich fürchte König Herodes! Wenn er hierher kommt ... Ich darf gar nicht daran denken!«

»Wir müssen so schnell wie möglich weg von hier«, antwortete Josef. »Bethlehem liegt zu nahe bei Jerusalem. Zu Hause in Nazareth sind wir sicherer. Ich werde morgen, spätestens übermorgen fertig werden. Dann reisen wir sofort ab.«

»Ach, wie ich mir wünsche, dass die guten Männer Herodes nicht erzählen, wo der Junge ist«, seufzte Maria. »Kannst du ihnen nicht sagen, dass sie es nicht tun sollen, Josef?«

»Ich trau mich doch nicht, mit so vornehmen Leuten zu sprechen«, erwiderte Josef verzagt.

»Lieber Josef, tu's um des Jungen willen, bitte!«, bat Maria.

»Ja, ich will's versuchen, morgen früh, bevor sie aufbrechen«, versprach ihr Josef.

Draußen vor dem Stall lagen die Kamele. Der Esel war an der Tür angebunden. Die Frühlingsnacht war lau, und es duftete herrlich nach frischem Gras und Blumen.
»Kleiner Esel«, wandte sich ein Kamel an ihn, »warum wohnt dein vornehmer Herr in einem baufälligen alten Stall?«
»Josef ist ein armer Mann«, antwortete der Esel. »Er ist gar nicht vornehm.«
»Wo hat er sein Vieh?«, fragte ein anderes Kamel.
»Vieh!«, rief der Esel aus. »Das bin nur ich. Allerdings hat Maria zu Hause in Nazareth noch einige Schafe, und ein paar Ziegen hat sie auch.«
»Das bedeutet also, dass du einem armen Mann dienst«, stellte das Kamel leicht verwirrt fest. »Warum sind dann unsere reichen Herren hierher gekommen, um ihn zu besuchen?«
»Das weiß ich nicht«, antwortete der Esel. »Aber was hätte ich eigentlich davon, wenn ich einen Herrn hätte, der reich an Geld und Gütern ist? Maria und Josef sind reich an Güte, Freundlichkeit und Hilfsbereitschaft. Ich kann euch nur sagen, dass es fabelhaft ist, einen Herrn zu haben, der niemals schlägt oder schreit oder gar verlangt, dass man mehr tragen soll, als man schafft.«
»Da hast du natürlich recht«, sagte das Kamel. »Wir Tiere legen mehr Wert auf gute Menschen als auf reiche. Aber sag mir, kleiner Esel, was ist das für ein merkwürdiges Kind dort drin? Ich hörte unsere Herren jeden Tag von ihm erzählen. Sie haben kaum von etwas anderem gesprochen. Wer ist es?«
»Er ist der Gute Hirte«, sagte der Esel ruhig.
»Der Gute Hirte!«, riefen die Kamele.
»Der Gute Hirte!«, hallte es zurück von den ringsum ruhenden Tieren. »Sprichst du die Wahrheit?«

»Die Engel sangen von ihm die ganze Nacht, als er geboren wurde. Der Welt Erlöser, König und Hirte«, sagte die Kuh ganz stolz.

Da hoben die Kamele ihre Häupter gegen den nächtlichen Frühlingshimmel. Die ganze Nacht über lagen sie still da und dachten darüber nach, was sie gehört hatten. Als es Morgen wurde, sagte der Esel: »Wenn ihr auf dem Rückweg durch eine Stadt namens Nazareth kommt, seid ihr so nett und grüßt alle Tiere und sagt ihnen, dass es dem Kind gut geht, und Maria und Josef auch, und dass wir bald nach Hause kommen? Wir kommen nämlich von dort.«

»Wir haben von dieser Stadt noch nie etwas gehört«, antworteten die Kamele. »Aber wenn unser Weg dorthin führt, werden wir nicht vergessen, deine Grüße auszurichten. Doch jetzt haben wir eine Bitte an dich.«

»Was denn?«, fragte der Esel.

»Wir würden so gerne das Kind sehen, bevor wir zurückreisen. Kannst du das einrichten?«

»Ich will es gern versuchen«, versprach der Esel.

Am Morgen, als die Fremden aus ihren Zelten traten, sagte einer von ihnen: »Ich träumte heute Nacht, dass ein Engel an mich herantrat und mir befahl, für die Rückreise einen anderen Weg zu wählen. Wir sollen nicht über Jerusalem reisen und nicht mit Herodes sprechen.«

»Merkwürdig«, rief der andere erstaunt, »ich träumte genau dasselbe.«

Da kam der Alte mühsamen Schrittes auf sie zu.

»Heute Nacht wurde mir von einem Engel im Traum befohlen, dass wir einen anderen Weg für die Rückreise nehmen sollen«, sagte er.

»Genau das Gleiche haben wir auch geträumt! Es ist sicher das Klügste, wir folgen dem Traum.«

Und so wurde festgelegt, dass sie auf dem direkten Wege nach Hause reisen würden. Wie froh war Josef, als er davon erfuhr!

»Sicherlich hat Gott den Fremdlingen diesen Traum gesandt«, dachte er. »Er weiß, wie schüchtern ich bin. Er sah, dass ich mich nicht traute, mit ihnen zu sprechen. Wie gut von ihm.«

»So kommt ihr vielleicht durch Nazareth«, meinte der Esel zu den Kamelen. »Vergesst nicht, die Tiere dort zu grüßen!«

»Wir werden deinen Wunsch schon erfüllen«, sagten die Kamele. »Aber jetzt halte bitte auch du dein Versprechen!«

Da schrie der Esel laut und scharrte so lange mit den Hufen an der Tür, bis Maria herauskam.

»Warte noch ein bisschen, mein kleiner Esel«, sagte sie. »Ich bringe dir gleich dein Wasser.«

Und sie ging wieder hinein.

»Ooh«, wie waren die Kamele enttäuscht.

»Wir warten noch ein bisschen«, tröstete sie der Esel. »Sie hat das Kind noch nicht aufgenommen.«

Die Tiere warteten unruhig, während die Diener sie sattelten und bepackten. Plötzlich hörten sie den Jungen im Stall juchzen.

»Jetzt«, sagte der Esel. Er schrie wieder laut und kratzte auf dem Boden, bis Maria herauskam. Und da hatte sie das Kind auf dem Arm.

»Aah!«, schnaubten die Kamele.

Die Sklaven vergaßen, was sie zu tun hatten, nur um den Kleinen zu sehen.

»Was ist denn heute los mit dir?«, fragte Maria ihren Esel.

Dieser schüttelte den Kopf und stampfte mit den Beinen, sodass Maria zu ihm kommen musste.

»Bist du krank?«, fragte sie beunruhigt. »Sonst machst du doch nicht solchen Lärm!«

Der Esel legte einschmeichelnd seinen Kopf an Marias Schulter.

»Willst du mir nur Guten Morgen sagen, du kleiner Schelm?«, lächelte Maria. »Das darfst du gern.«

Die Kamele streckten bettelnd ihre Häupter Maria entgegen, sie hob das Kind hoch und ließ alle an ihm schnuppern, bevor sie wieder in den Stall zurückging.

»Das hast du gut gemacht, kleiner Esel«, sagten die Kamele. »Wir danken dir sehr, dass du uns den Guten Hirten hast sehen lassen. Wir werden es dir nicht vergessen.«

Der Traum

Der kleine Esel schreckte plötzlich aus dem Schlaf auf. Sein Herz klopfte und er spürte eine sonderbare Furcht.
In diesem Moment hörte er das Kind, das sich dort in der Krippe rührte.
»Ach, du hast mich geweckt«, dachte der Esel froh. »Dann ist's ja gut! Dann war der ganze Schreck nur ein Traum. Es ist doch fürchterlich, was man alles träumen kann!«
Was hatte er nur geträumt? Dass sie nach Nazareth gekommen waren. Alle Tiere waren auf sie zugerannt, um sie willkommen zu heißen.
»Wir wollen das Kind sehen! Wir wollen das Kind sehen!«, schrien die kleinen Ziegen und Lämmer und tanzten vor Freude um ihn herum. »Wo ist das Kind?«
Da merkte der Esel, dass das Kind nicht mehr da war. Auch Maria nicht. Niemand ritt auf seinem Rücken. Auf ihm lag nur eine große, schwere Last.
»Wo hast du das Kind gelassen?«, fragte das älteste Schaf.
»Es war vorhin noch da«, stotterte der Esel ganz verwirrt. »Aber wo ist es denn jetzt? Und wo ist Maria?«
Wo waren sie nur, der Junge und Maria? Der Esel war ganz verzweifelt.
»Hast du sie draußen in der Wildnis verloren, und die Löwen haben sie gefressen?«, fragten die Ziegen.
»Hast du sie in eine Kluft geworfen, und sie sind zwischen den Klippen zerschellt?«, klagten die Schafe.

»Sind sie dir von der Strömung heruntergerissen worden, als du den Fluss durchquert hast?«, riefen die Lämmer.

Der Esel erinnerte sich nicht. Nur, dass er es den Berg bis nach Nazareth hinauf schrecklich eilig gehabt hatte, um das Kind den Kameraden zu zeigen.

»Und wir haben uns so nach ihnen gesehnt«, jammerten die Lämmchen.

»Wie haben wir gehofft und gewartet«, meckerten die kleinen Ziegen.

Der Esel spürte, wie sich sein Herz vor Entsetzen zusammenschnürte. Da wachte er auf und merkte, dass alles nur ein Traum gewesen war. Hier stand er im dunklen Stall in Bethlehem; Maria, Josef und auch der Wirt schliefen im Stroh am Boden und das Kind lag in der Krippe.

»... wir haben uns so nach ihnen gesehnt ...«, hörte der Esel wie ein Echo aus seinem Traum.

»Das kam nur davon, dass Maria und Josef gestern Abend so viel über die Heimreise geredet haben«, dachte er.

Josef hatte erzählt, dass jetzt alles klar sei und sie sich auf den Heimweg begeben könnten.

»Wie ich mir das gewünscht habe«, hatte Maria gesagt. »Wir sind hier nun seit drei Monaten. Der Junge ist inzwischen schon ganz groß.«

»Ja, er wird die Heimreise gut überstehen.«

»Auch die Frühlingssonne scheint und wärmt. Alles ist so schön, dass man glauben könnte, man gehe über Gottes prachtvolle Wiesen im Paradies«, meinte Maria. »Ach, lieber Josef, was wird das für eine schöne Heimreise sein!«

»Ja, sie wird sicher ganz anders als unsere Reise hierher. Damals war es kalter Winter. Und wie es regnete! Erinnerst du dich?«

»Unser tüchtiger kleiner Esel hat uns sehr geholfen«, sagte Maria. »Was er wohl denken mag, jetzt, wo es nach Hause geht. Ich habe wohl bemerkt, dass er großes Heimweh hat.«
So hatten sie miteinander gesprochen, bis sie eingeschlafen waren. Der Esel war überglücklich. Komisch, dass man dann so etwas Abscheuliches träumt.
»Aber ein Traum ist ein Traum und bedeutet wohl nicht viel«, dachte er.
Mit einem Mal wurde es ganz licht im Stall. Ein schwacher Schein zunächst, aber er wurde immer heller und heller. Plötzlich konnte der Esel ganz deutlich einen Engel im schimmernden Gewand erkennen. Er beugte sich über Josef und flüsterte: »Josef, Josef! Höre gut zu!«
Aber Josef drehte sich im Schlaf um. Dabei fuchtelte er mit den Armen, als wolle er den Engel, der seinen Schlaf störte, verjagen.
»Josef«, mahnte der Engel. »Du musst sofort aufstehen und Maria wecken. Ihr müsst alles zusammenpacken, was ihr habt, das Kind nehmen und fliehen. Aber nicht nach Hause. König Herodes will das Kind töten. Deshalb müsst ihr für einige Zeit nach Ägypten und euch vor ihm verstecken. Hab keine Angst. Die Engel werden euch beschützen. Josef, wach endlich auf! Es ist eilig!«
Josef rührte und reckte sich, murmelte etwas und schlug die Augen auf.
Der Engel strich dem Esel zärtlich über die Nüstern. Er fühlte es wie sanften Westwind.
»Marias kleiner Esel«, flüsterte er, »du wirst mir helfen, das Kind in Sicherheit zu führen.«
»Was um Himmels willen habe ich nur geträumt?«, fragte sich Josef. »Ich soll mit dem Kind nach Ägypten fliehen! Auf was

für Gedanken man nur kommen kann! Morgen früh reisen wir heim nach Nazareth. Das wird herrlich.«

Josef legte sich wieder zurecht und wollte weiterschlafen. Dies passte aber dem Esel nicht. Er stampfte mit den Hufen und machte solch einen Lärm, dass Josef hellwach wurde und aufstand.

»Was ist denn los?«, fragte er.

Da schrie der Esel so laut, dass es im ganzen Stall erschallte. Es klang, als wäre es ein Schrei in höchster Not. Maria wachte auf, ja auch der Alte wachte auf.

»Was ist denn?«, fragte Maria. »Ich bin so unruhig. Es ist mir, als wären wir in großer Gefahr.«

»Nur der Esel hat dich erschreckt«, beruhigte Josef sie. »Leg dich wieder hin und schlaf noch ein Weilchen.«

»Nein«, sagte Maria. »Wenn nicht irgendetwas los wäre, würde der Esel nicht so seltsam schreien.«

Nachdenklich erzählte Josef: »Ich hatte einen merkwürdigen Traum. Ein Engel kam zu mir und sagte, dass wir sofort nach Ägypten reisen und dort eine Zeit lang bleiben sollten; denn Herodes wolle unser Kind töten.«

»Oh«, rief Maria schaudernd. »Ich habe solche Angst vor ihm. Wir fliehen! Sofort! Noch heute Nacht!«

»Aber Maria, das war doch nur ein Traum. Du musst dir keine Sorgen machen. Schlaf jetzt. Wir können morgen früh darüber nachdenken.«

Da schrie der Esel wieder.

»Nein«, sagte Maria bestimmt. »Ich glaube, der Esel hat den Engel gesehen und weiß, dass er wirklich mit dir gesprochen hat. Man sieht es ihm an, dass uns Gefahr droht. Lass uns sofort fliehen, Josef.«

Da erst erkannte Josef, dass der Engel ihn im Traum hatte warnen wollen. Er half Maria packen und den Esel beladen. Es war noch dunkel, deshalb blies er die Glut im Herd wieder an, damit sie etwas sehen konnten.

Der alte Mann, dem der Stall gehörte, war traurig.

»Müsst ihr schon reisen?«, fragte er. »Mitten in der Nacht? Bleibt doch wenigstens bis morgen.«

»Wir müssen uns beeilen, das Kind ist in Gefahr«, erklärte Josef.

»Es wird doch niemand einem kleinen Kind etwas Böses tun«, sagte der Alte. »Du hast nur merkwürdig geträumt.«

»Aber der Engel im Traum befahl mir, sofort zu reisen«, antwortete Josef. »Und unser kleiner Esel hat ihn auch gesehen.«

»Bleibt jedenfalls, bis es tagt«, riet der Alte. »Noch sind die wilden Tiere draußen. Die werden alle töten, euch und den Jungen.«

»Wir haben keine Angst vor wilden Tieren«, sagte Josef. »Sie sind es nicht, die nach seinem Leben trachten.«

»Wer aber sollte es denn sein?«, fragte der Alte und schüttelte den Kopf.

»Herodes!«

»Aber die Fremden aus dem Morgenland sind doch auf ihrer Rückreise gar nicht bei ihm vorbeigekommen. So weiß er doch gar nicht, wo der Junge ist«, wandte der Alte ein.

»Auf irgendeine Weise hat er es wohl herausgekriegt«, sagte Josef. »Und er will das Kind töten, denn er duldet nicht, dass Güte und Gerechtigkeit die größte Macht auf Erden sind.«

»Macht's, wie ihr denkt«, sagte der Wirt schließlich. »Möge der Herr euch schützen.«

»Wir möchten dir sehr dafür danken, dass du uns während der

ganzen Zeit beherbergt hast«, sagte Josef. »Schau, hier ist ein Joch, das ich für dich aus einer Olivenwurzel gefertigt habe. Diese Wurzel habe ich in der Nähe einer Schlucht gefunden.«

»Das ist eine gute Arbeit«, sagte der Alte. »Ich bin dir sehr dankbar. Mein altes Joch ist kaputt und lässt sich nicht mehr richten.«

»Ja, ich habe wohl gesehen, dass du ein neues brauchst«, sagte Josef lächelnd.

Maria nahm die Hand des Alten.

»Ich habe für dich einen Mantel genäht aus dem Stoff, den ich von den Fremden aus dem Morgenland bekommen habe«, sagte sie.

»Wie warm und weich. Der ist viel zu schön für mich. Aber ich freue mich doch. Mein alter Mantel ist ganz verschlissen und ich wüsste nicht, wovon ich mir einen neuen machen sollte.«

»Ja, ich habe gesehen, dass du einen neuen brauchst«, sagte Maria. »Welch ein Glück, dass er noch rechtzeitig fertig geworden ist.«

»Wenn ihr jetzt geht, möchte vor allem ich euch danken, dass ihr mir die Ehre gegeben habt, hierher in meinen kleinen Stall zu kommen, sodass der Erlöser der Welt hier geboren wurde. Kein Platz auf Erden wird so groß und heilig gepriesen werden wie diese kleine Hütte«, sprach der Alte.

Jetzt wurde der kleine Esel aber langsam ungeduldig. Wie lange wollen die da noch stehen und Abschied nehmen? Der Engel hat doch gesagt, dass es eilig ist. Er scharrte mit den Hufen und schubste Josef in den Rücken.

»Ich weiß«, sagte Josef. »Wir müssen uns beeilen.«

Maria ging in den Stall. Das Kind schlief noch in der Krippe. Es lächelte im Schlaf, als Maria es auf den Arm nahm.

»Lasst es mich noch einmal halten«, bat der Wirt.
Maria wickelte das Kind in einen Schal und reichte es dem Alten. Er trug es zum Esel. Josef hob Maria auf den Rücken des Tieres, der Alte küsste die Wange des Kindes und reichte es dann seiner Mutter.
Der Esel trabte sofort in so schnellem Tempo davon, dass Josef laufen musste, um überhaupt mithalten zu können.
Es war noch dunkle Nacht, aber der Esel sah gut im Dunkeln und fand den richtigen Weg, der hinaus auf die Landstraße führte.
»Wie gut, dass wir innerhalb der Mauern keinen Platz in einer Herberge gefunden haben«, meinte Maria nachdenklich. »Wir wären nicht aus der Stadt herausgekommen, bevor die Pforten am Morgen geöffnet werden. Dann wäre es vielleicht schon zu spät gewesen.«
»Ja, es war gut, dass wir hier draußen wohnten«, sagte Josef und rief dann plötzlich: »Bleibt mal stehen, mein Mantel hat sich in einem Busch verfangen.«
Maria hielt den kleinen Esel an, bis Josef sich befreit hatte.
»Wie still es ringsum ist«, sagte Maria. »Schau, im Osten wird es schon langsam hell. Bald geht die Sonne auf.«
Der Esel stellte die Ohren auf. Er hörte weit entfernt Hufschlag. Kurz darauf hörte ihn auch Josef.
»Das sind Reiter. Wer ist nur so zeitig schon draußen?«
Der Hufschlag kam schnell näher.
»Am besten stellen wir uns hinter diesen Busch«, sagte Josef und führte den Esel am Zügel vom Wege.
Gleich darauf ritt ein Trupp Soldaten vorbei. Sie hatten es sehr eilig und bemerkten die Flüchtlinge nicht.
Josef und Maria standen da und sahen den Reitern nach. Kurz bevor diese hinter den Hügeln von Bethlehem verschwanden,

ging die Sonne auf und ließ ihre ersten Strahlen in ihren blanken Helmen blitzen.

»Wie gut, dass wir ihnen aus dem Weg gehen konnten«, meinte Maria.

»Aber jetzt müssen wir uns wieder beeilen«, sagte Josef.

Weder Josef noch Maria ahnten, dass diese Soldaten von König Herodes gesandt waren, um nach ihrem Kind zu suchen.

Den ganzen Tag über reisten sie nach Süden und wagten nicht zu rasten. Gegen Abend wurden sie entsetzlich müde. Die Sonne ging unter und es wurde dunkel.

»Es ist unheimlich hier draußen in der Wildnis«, sagte Maria.

»Wir müssen dennoch anhalten«, bestimmte Josef.

Maria stieg vom Esel ab. Sie aßen vom Brot, das ihnen der Alte im Stall noch mitgegeben hatte, und der Esel mampfte Heu. Er hatte es selbst auf seinem Rücken getragen.

Josef und Maria legten sich auf die Erde und lehnten ihre Köpfe an des Esels Wanst. Das Kind juchzte und streckte die Händchen gen Himmel, als wollte es mit den glänzenden Sternen da oben spielen.

Da fiel eine große Sternschnuppe herab. Das Kind jubelte, als sie durch das Weltall glitt.

»Der Junge hat keine Angst im Dunkeln«, meinte Josef. »Er fühlt sich hier draußen ebenso geborgen wie im warmen Stall.«

»Siehst du, wie er seine Ärmchen nach den Sternen streckt?«, fragte Maria. »Sie blinken ihm zu wie gute Freunde.«

Josef und Maria waren vom Spiel und den Freudenschreien ihres Kindes so abgelenkt, dass sie darüber Angst und Kummer vergaßen. Der Esel fing ganz leise zu schnarchen an. Bald schlummerte auch der Kleine. Selbst Josef und Maria schliefen ruhig, bis es wieder zu tagen anfing.

Im Wirtshaus

Den ganzen nächsten Tag trottete der kleine Esel Richtung Süden. Er trug Maria und das Kind auf dem Rücken. Josef ging schweigend nebenher.

Sie trafen immer seltener auf Olivenhaine oder Weingärten. Die Strecken von einer menschlichen Behausung zur nächsten wurden immer länger. Schließlich gab es nichts mehr als Trockenheit. Kahl und öde breitete sich das Land vor den Reisenden aus. Die Sonne brannte glühend auf sie nieder. Sie waren in die große Wüste gekommen, die das Land der Judäer von Ägypten trennt. Der Esel war entsetzlich müde vom Stampfen durch den Wüstensand. Der feine Staub, der ihm in Augen und Nase drang, machte ihn ganz verrückt. Aber nicht nur der Esel litt, der Sand plagte Maria und Josef genauso. Nur das kleine Kind, das gut eingewickelt in einem Schal der Mutter schlief, bemerkte nichts.

»Wie bin ich durstig!«, dachte der Esel. »So durstig war ich noch nie in meinem Leben. Aber wenn ich mich nur richtig schinde, dann erreichen wir vielleicht heute Abend noch Ägypten.«

Und so versuchte er, ein bisschen schneller in dem ihn so behindernden Sand zu traben. Maria sehnte sich auch ans Ende der Reise, denn am Nachmittag hatte sie Josef gefragt: »Meinst du, Josef, dass wir heute noch ankommen werden?«

Aber Josef hatte nur mit dem Kopf geschüttelt.

»Liebe Maria«, sagte er, »man sagt, dass es nach Ägypten sehr, sehr weit sei. Viele Tagereisen, glaube ich. Aber sei nicht beunruhigt. Der Engel versprach, uns zu helfen.«

Maria blieb ganz ruhig. Plötzlich aber rief sie: »Ich sehe dort hinten ein Gebäude! Und Bäume! Das ist sicher der erste Zipfel von Ägypten. Siehst du's denn nicht? Dort hinten!«
Ja, ganz in der Ferne schienen wirklich ein Haus und Bäume zu stehen. Der kleine Esel eilte wie neu belebt darauf zu. Herrlich! Bald würden sie dort sein!
Aber es war nur ein Wirtshaus, das einsam in einer kleinen Oase lag. Reisende übernachteten dort auf ihrem Wege nach Ägypten und zurück. Eine große Gesellschaft war dort soeben angelangt. Ein reicher Kaufmann hatte seine gesamte Karawane, Kamele und ihre Treiber, dort einquartiert. Er beförderte seine Ware mit dieser Karawane durch die Wüste. Der Kaufmann saß am Tisch. Der Wirt des Hauses stand daneben und sprach, als Maria und Josef hereinkamen: »Es ist nicht schwierig für einen wie dich, durch die Wüste zu reisen, bei dem Gefolge, das du hast. Aber jeden Tag kommen hier vereinzelte Flüchtlinge vorbei. Sie fliehen vor Herodes. Ich bin sicher, dass die meisten von ihnen im Sande umkommen und nie ihr Ziel erreichen. Sie sind meist schon völlig erschöpft, wenn sie hierher kommen. Dabei haben sie die Wüste in ihrer ganzen Wucht noch nicht erlebt.«
Josef und Maria sahen sich gegenseitig erschreckt an. Jetzt erst erkannten sie, dass diese Reise noch sehr schwer werden würde.
»Der Engel wird uns schützen«, flüsterte Josef und drückte tröstend Marias Hand.
Da sah sie der Wirt.
»Was wollt ihr?«, fragte er barsch.
»Herr, kannst du uns und unserem Esel Herberge in dieser Nacht geben?«
»Kannst du zahlen?«
Josef öffnete seinen Geldbeutel und nahm eine Goldmünze her-

aus, die die Fremden aus dem Morgenland dem Kind geschenkt hatten. Dabei fiel ihm versehentlich der Ring herunter. Er rollte auf dem Boden entlang bis zu dem Tisch, an dem der Kaufmann saß. Der wollte zunächst mit dem Fuß darauf treten, aber als der Ring näher heranrollte, erkannte er, dass eine große Perle daran glänzte.

Josef bückte sich und hob den Ring auf.

»Was für ein Ring!«, dachte der Kaufmann. »Noch nie in meinem Leben habe ich seinesgleichen gesehen. Ich ahnte gar nicht, dass es überhaupt solch eine Perle gibt.«

»Woher hast du ihn?«, fragte er und richtete seine Augen auf Josef. »Du bist wohl ein Dieb auf der Flucht? Wie sonst wärst du hier draußen in der Wüste?«

»Unser Junge hat den Ring von einem sehr reichen Mann geschenkt bekommen«, sagte Josef ruhig.

»Euer Junge!«, schnaubte der Kaufmann. »Man schenkt Wickelkindern keine Ringe! Bekenne nur! Wo hast du den Ring und die Goldmünzen her?«

»Es ist so, wie Josef sagt«, antwortete Maria. »Der Junge erhielt alles zusammen von reichen Fremden aus dem Morgenland.«

Der Kaufmann sah sie prüfend an. Merkwürdig, die Frau begegnete seinem Blick mit so klaren Augen, dass man unmöglich annehmen konnte, sie würde die Unwahrheit sagen. Ja es schien ihm, als ob sie nicht einmal an eine Lüge denken könne. Da schaute er sich das Kind an. Es war nichts Besonderes, wie es im Arm der Mutter schlief. Wer sollte schon so einem kleinen Wesen teure Geschenke geben?

»Willst du mir den Ring verkaufen?«, fragte er.

»Nein«, antwortete Josef. »Er gehört doch dem Jungen. Und er spielt so gern damit.«

»Diese Menschen erkennen noch nicht einmal den Wert des Ringes!«, dachte der Kaufmann. »Meine Güte, ich will ihn haben. Ich werde mir schon noch was einfallen lassen!«
»Wo wollt ihr hin?«, fragte er in etwas freundlicherem Ton.
»Nach Ägypten«, antwortete Josef.
Da freute sich der Kaufmann. Kein Mensch konnte nur auf einem Esel mit einem kleinen Kind durch die Wüste reisen.
Er wollte diese Menschen in seiner Karawane mitreisen lassen. In dieser Zeit würden sie sich ganz von alleine für Essen und Wasser so hoch bei ihm verschulden, dass er nach der Ankunft den Ring als Bezahlung verlangen konnte. Ja, so ging's.
»Hör mal zu, guter Mann«, sagte er, »ihr könnt nicht mit einem Esel durch die Wüste reisen. Aber ich mag euch, und da ich ein hilfreicher Mensch bin, schlage ich vor, dass ihr in meiner Karawane mitreist. So werdet ihr wohlbehalten in Ägypten ankommen.«
Josef verneigte sich, dankte und lächelte Maria erleichtert zu.
»Du bist ein guter Mensch, Herr«, sagte Josef.
»Gott wird dich belohnen für deine Güte«, ergänzte Maria.

»Habt ihr so was schon gehört?«, sagte der Anführer der Karawane, als er zu seinen Männern hinauskam. »Der Kaufmann hat den armen Leuten mit dem Esel erlaubt, uns nach Ägypten zu folgen.«
»Was hat er da im Sinn?«, fragte einer der Leute. »Er macht's sicherlich nicht nur, um ihnen zu helfen.«
»Er hat ein Herz aus Stein«, dachte der andere.
»Aber er hat es versprochen«, sagte der Anführer. »Und es hat keinen Sinn, ihm zu widersprechen.«

»Habt ihr's gehört?«, fragte eines der großen, schönen Kamele, als sie alleingelassen waren. »Jetzt werden wir in Gesellschaft eines Esels durch die Wüste reisen.«

»Pfui!«, meinte ein anderes und hob sein Maul gen Himmel. »Ich lege keinen Wert darauf, solches Gesindel im Gefolge zu haben!«

»Wie sollte uns ein Esel folgen können, wenn wir uns in Trab setzen?«, fragte ein drittes.

»Der strauchelt, bevor wir halbwegs dort sind«, meinte ein viertes hochmütig.

»Das wäre das Beste, was uns passieren kann«, erklärte das älteste Kamel. »Dann kommen wir ehrenhaft in Ägypten an und werden nicht ausgelacht.«

»Psst!«, machte das erste Kamel. »Da kommt er.«

»Tut, als ob ihr ihn nicht seht«, forderte sie das älteste Kamel auf. »Sprecht nicht mit ihm. Antwortet nicht, wenn er spricht.«

Josef führte den Esel, Maria ging mit ihrem Kind hinterdrein.

Da kam der Kaufmann heraus.

»Ihr müsst natürlich euren Esel verkaufen«, sagte er. »Den könnt ihr nicht mitnehmen.«

»Warum nicht?«, fragte Maria erschrocken.

»Der kann mit den Kamelen nicht mithalten. Die gehen viel zu schnell. Aber der Wirt wird ihn euch sicher für einen guten Preis abkaufen. Ihr könnt auf einem meiner Kamele reiten.«

»Wir können unseren Esel nicht verkaufen«, sagte Josef.

»Der kommt schon zurecht«, meinte Maria.

»Wir werden viele Tage durch die Wüste reisen«, sagte der Kaufmann. »Er kann es unmöglich schaffen.«

»Gott hat uns den Esel gegeben«, sagte Maria. »Ohne ihn sind wir verloren, denn er hört, was wir nicht hören, und sieht, was wir nicht sehen.«

Der Kaufmann war ärgerlich.
»So ein Geschwätz!«, sagte er. »Seid vernünftig und verkauft ihn!«
»Unser Esel kann Engel sehen«, sagte Josef. »Und er hat uns immer auf den rechten Weg geführt. Wir sind sehr dankbar dafür, dass du uns helfen willst, aber wir wollen uns nicht von unserem Esel trennen.«
Da erkannte der Kaufmann, dass er sie nicht überreden konnte, und ging schimpfend ins Haus.
»Hab keine Angst, kleiner Esel«, sagte Josef. »Wir werden dich nicht verkaufen.«
»Danke dir von Herzen, mein lieber kleiner Esel«, sagte Maria und strich ihm übers Maul. »Danke, dass du uns hierher zu dieser guten Stätte geführt hast.«
Inzwischen war der Junge aufgewacht. Als er alle die großen, stattlichen Kamele sah, fing er an herumzustrampeln. Er juchzte und streckte seine Ärmchen aus, als wollte er sie streicheln. Da lachte Josef und hielt ihn dem nächsten Kamel entgegen. Es war zufällig das älteste der Kamele. Das große Tier stand völlig still, während der Kleine es mit gespreizten Fingerchen betatschte.
Maria ging dann mit dem Kind ins Haus. Josef nahm dem Esel das Gepäck ab und folgte ihr nach.
»Kleiner Esel«, sagte das alte Kamel, das ganz vergessen hatte, dass man nicht mit ihm reden wollte, »was sind das für Menschen? Was ist das für ein Kind?«
»Ach«, sagte der Esel glücklich, »er wird unser Guter Hirte sein!«
»Der Gute Hirte?«, überlegten die Kamele. »Der Gute Hirte? Du meinst doch wohl nicht den, den Gott uns versprach, vom Himmel auf die Erde zu senden?«
»Doch«, sagte der Esel.

»Ahhhh! Ohhh!«, machten alle Tiere. »Der Gute Hirte.«
»Als er mich anfasste«, sagte das Kamel, »empfand ich solch ein Glück, dass ich dachte, ich könne tage- und nächtelang durch die Wüste rennen, springen und tanzen.«
»Als er lächelte«, meinte das Kamel, das dem alten am nächsten stand, »stieg der wunderbarste Duft auf, wie frisches Heu und liebliche Blumen.«
»Dieser Duft liegt immer noch ein bisschen in der Luft«, bestätigte ein anderes.
»Kleiner Esel?«, fragte das alte Kamel. »Willst du wirklich den Jungen und seine Mutter durch die ganze Wüste bis nach Ägypten tragen? Das schaffst du nie!«
»Doch, ich habe Maria auch von Nazareth nach Bethlehem getragen.«
»Das ist nur ein kurzer Weg. Nach Ägypten aber ist es sehr, sehr weit, du wirst schon sehen. Ich könnte doch das Kind und die Mutter tragen.«
»Nein, nein! Ich bin Marias kleiner Esel!«
»Aber wenigstens manchmal, wenn du müde wirst!«
»Wir werden sehen«, sagte der Esel. »Vielleicht hin und wieder eine Zeit lang.«
»Ich auch, ich auch«, schnaubten die anderen.
»Ist es wirklich wahr, was dein Herr gesagt hat, dass du Engel sehen kannst?«, fragte ein weiteres Kamel.
»Ja, sicher«, antwortete der Esel. »Jedes Mal, wenn uns unterwegs Gefahr drohte, half mir ein Engel. Und das wird auch diesmal so sein, denn er hat es uns versprochen.«
»Warum müsst ihr denn nach Ägypten«, erkundigte sich das alte Kamel.
»Der böse König will das Kind töten.«

Da entstand große Unruhe unter den Tieren. Sie schrien und lärmten so, dass ein Treiber herbeigeeilt kam, um nachzusehen, was los war. Es dauerte lange, bis wieder Ruhe unter den Tieren einkehrte.

Zeitig am nächsten Morgen herrschte große Geschäftigkeit im Lager. Alles war klar für die Abreise. Nur der reiche Kaufmann saß noch bei Tisch und frühstückte. Josef hatte die Last auf des Esels Rücken festgezurrt. Nachdem Maria den Kleinen versorgt hatte, half ihr Josef auf den Esel, wo sie mit dem Kind spielte, das den Kamelen zulächelte. Diese reckten ihre Hälse und vergaßen völlig ihre gewohnte Hoffärtigkeit. Plötzlich hörte man Lärm und Hufschlag. Gleich darauf tauchte ein Trupp Soldaten auf.

»Maria«, rief Josef erschreckt. »Soldaten kommen. Sie suchen vielleicht uns. Wo können wir uns verstecken?«

Im selben Augenblick scharten sich alle Kamele rund um den Esel und versteckten beide, ihn und Maria, vor den Blicken der Soldaten.

Der Truppführer sprang rasch vom Pferd und hastete zum Wirtshaus.

»Habt ihr junge Leute mit einem kleinen Kind gesehen?«, rief er durch die Tür.

»Wer sollte wohl mit einem Kleinkind in die Wüste hinausreisen?«, höhnte der Kaufmann. »Was sollten sie denn dort?«

»Das Kind verstecken!«

»Warum denn das?«

»Herodes hat erfahren, dass vor einiger Zeit in Bethlehem ein Kind geboren wurde, von dem man sagt, dass dieses Kind eines Tages König werden wird. Das aber will Herodes verhindern.«

»Hm, warum sucht ihr dann nicht in Bethlehem?«
»Wir haben die ganze Stadt durchsucht. Aber da erfuhr Herodes, dass ein junges Paar, das in einem Stall vor der Stadt gewohnt hatte, genau in der Nacht, als wir dort ankamen, mit dem kleinen Kind verschwunden ist.«
»Ach, Unsinn! Ein Königskind wohnt nicht in einem Stall«, widersprach der Kaufmann.
»Und hier draußen in der Wüste findet ihr es auch nicht. Sucht in den Dörfern rund um Bethlehem. Doch trinkt erst einen Becher Wein mit mir, damit wir auf gutes Gelingen anstoßen können.«
Der Truppführer leerte einen Becher, dann bestieg er sein Pferd und verschwand mit seiner Truppe in eine andere Richtung.
Der Kaufmann aber war ganz in Gedanken, als die Karawane aufbrach und den langen Weg durch die Wüste antrat.
»Ich frage mich nur, wer dieser Junge ist?«, überlegte er. »Herodes soll ihn jedenfalls nicht erwischen, und noch weniger seinen Ring. Den will ich haben.«

Durch die Wüste

Die Karawane war auf dem Weg durch die Wüste. Zuvorderst schritt das Leitkamel mit dem Anführer, dann kam der Kaufmann auf dem ältesten Kamel und schließlich folgten alle anderen in einer langen Reihe. Als Letzter trabte der kleine Esel mit Maria und dem Kind. Josef ging wie üblich neben ihnen.

»Wartet nur! Bald strauchelt der Esel im Wüstensand«, murmelte der Kaufmann vor sich hin. »Dann werden sie noch um meine Hilfe betteln.«

Und er befahl dem Kameltreiber, der als Letzter ritt, den kleinen Esel nicht aus den Augen zu lassen.

Die stolzen Kamele aber hatten ihren Schritt dem Tempo des kleinen Esels angepasst.

Die Treiber schrien voller Ungeduld. Sie drängten und hetzten, aber es half alles nichts. Die Kamele gingen deshalb nicht schneller.

»Die Tiere müssen verrückt geworden sein«, sagte der Karawanenführer. »Was haben die nur?«

»Schneller, schneller!«, rief der Kaufmann. »Du hast mir eine rasche Reise versprochen.«

Doch war er zuinnerst froh, dass die kleine Familie nicht allzu weit zurückblieb.

Aber all das verhinderte nicht, dass der kleine Esel doch müde wurde. Als die Zeit kam, am Abend das Lager aufzuschlagen, hinkte er weit hinter den anderen her, obwohl er tapfer versucht hatte, mit ihnen mitzuhalten.

»Armer kleiner Esel«, sagte das Leitkamel, als dieser ankam. »Bist du sehr müde? Wir haben versucht, nicht schneller als du zu gehen, damit du nachkommen kannst.«
»Ach, es wird schon gehen, wenn ich nur jetzt schlafen darf. Mich quält nur der Gedanke, dass wir so schrecklich weit von zu Hause wegreisen, und ich habe doch solches Heimweh nach Nazareth. Alle meine Freunde warten dort auf mich. Sie sind schon halb verrückt vor Sehnsucht nach dem Kind.«
»Lieber kleiner Esel«, sagte das älteste Kamel, »Ägypten liegt sehr weit weg. Noch viele Tage musst du mit dem Schwanz gen Nazareth wandern.«
»Oh!«, stöhnte der Esel betrübt. »Aber der Engel hat es befohlen, und da wird es wohl notwendig sein. Alles nur des bösen Königs wegen!«
Am nächsten Tag war in der Wüste die glühende Hitze noch unerträglicher.
»Es ist, als läge die Sonne hier unten auf der Erde und wolle alles Lebende verbrennen!«, seufzte der Esel.
Von Zeit zu Zeit bekam er einen Mund voll Wasser, das in der Wüste so wertvoll ist.
Der Kaufmann verkaufte es Josef aus einem großen Ledersack. Am Nachmittag war die Hitze zum Ersticken. Da sah der Esel plötzlich den Engel. Er gab ihm ein Zeichen, nach links abzubiegen. Der Esel folgte augenblicklich. Er stieß einen durchdringenden Schrei aus, um den Kamelen zu bedeuten, dass Gefahr drohe.
»Was ist los?«, fragte Josef verwundert.
»Lass ihn machen, wie er es für richtig hält«, sagte Maria. »Er hat noch immer den rechten Weg gewusst. Ich glaube sicher, dass er wieder den Engel gesehen hat.«

»Was ist los, kleiner Esel?«, rief das Leitkamel.

»Der Engel gab mir ein Zeichen, dorthin zu gehen«, antwortete der Esel.

Da wendete das Kamel und lief in schnellem Trab zum Esel zurück. Alle anderen folgten nach. Die Treiber schrien und brüllten. Der Kaufmann erwachte aus seinem Mittagsschlaf.

»Was um alles in der Welt ist denn los?«, fragte er schlaftrunken.

»Die Kamele sind verrückt geworden«, antwortete der Anführer. »Der Esel hat geschrien, da drehten sie um, ohne sich um ihre Treiber zu kümmern. Ich habe noch nie so etwas erlebt.«

»Wendet die Kamele!«, befahl der Kaufmann.

»Sie folgen nicht«, erhielt er zur Antwort.

Völlig hilflos mussten die Menschen den großen Tieren folgen. Der Engel hatte den Esel zu einer von gewaltigen Felsbrocken geschützten Bodensenke geleitet. Er bedeutete dem Esel, hier zu bleiben. Gleich darauf waren auch die Kamele da.

»Der Engel will, dass wir hier bleiben sollen«, sagte der Esel.

»Aber hast du dich nicht vielleicht doch geirrt?«, fragte das Leitkamel vorsichtig. »Du bist sicherlich sehr müde, und es kommt dann oft vor, dass man in der Wüste irgendwelche Erscheinungen sieht; Oasen oder so etwas.«

»Nein, ich habe ganz sicher den Engel gesehen«, erklärte der Esel.

»Was ist mit euch los?«, schrie der Kaufmann Josef an. »Warum hast du den Esel hierher geführt?«

»Das habe ich nicht getan«, sagte Josef. »Der ist von selbst hierher gegangen. Er hat sicherlich wieder den guten Engel gesehen, den Gott gesandt hat, uns auf dem Weg nach Ägypten zu helfen.«

»Ich glaube, ihr seid alle zusammen toll im Kopf!«

Der Kaufmann war verärgert. »Du und dein Esel und die Kamele und die Treiber, die sie machen lassen, was sie wollen.«
Fast im selben Atemzug aber schrie er auf und zeigte aufgeregt mit dem Finger auf eine schwarze Wolkenwand, die weit in der Ferne erschien.
»Ein Sandsturm! Der Herr sei gelobt, der uns hierher in dieses kleine Tal geführt hat«, sagte er. »Hier werden wir eine gute Zuflucht haben.«
In rasender Eile wurde das Lager eingerichtet. Kaum war es fertig, als ein furchterregendes Unwetter losbrach. Der Sand peitschte und es wurde stockfinster.
»Wären wir dort draußen geblieben, wäre unser Leben in Gefahr«, sagte der Kaufmann. »Das ist der schlimmste Sturm, den ich je mitgemacht habe. Aber hier sind wir geschützt. Welch ein Glück, dass wir hierher gegangen sind.«
»Das war des Herren Engel, der den Esel hierher führte«, meinte Maria.
»Ja, so muss es gewesen sein«, stimmte der Anführer zu. »Aber ich verstehe es dennoch nicht.«
»Das ist weiter nicht merkwürdig«, sagte Josef. »Der liebe Gott hat uns seinen Engel zu Hilfe gesandt. Wir können ihn nicht sehen, nur unser kleiner Esel sieht ihn. Deshalb können wir ihm unbesorgt folgen, wohin er auch geht.«
Der Anführer meinte: »Seltsam, ich habe noch nie eine solche Sicherheit und Geborgenheit während eines Sturms erlebt wie in eurer Gesellschaft.«
»Auch wir nicht«, meinten die Wärter. »Jetzt verstehen wir auch, warum ihr euren Esel nicht verkaufen wolltet.«
»Ich werde nicht mehr versuchen, euch dazu zu überreden«, sagte der Kaufmann.

Dann saßen alle still da und hörten dem Tosen des Sturmes zu. Der Einzige, der manchmal versuchte, ihn zu übertönen, war der Kleine mit seinem fröhlichen Gejuchze.

Am Morgen des nächsten Tages war das Unwetter vorüber.

»Ich will euch einen Vorschlag machen«, sagte der Kaufmann, der Josef mit dem Ring nicht aus den Augen verlieren wollte. »Ihr reitet auf den Kamelen, dann kann der Esel uns leichter folgen.«

Josef und Maria beratschlagten. Dann sagte Josef: »Ja, dein Vorschlag ist gut und wir danken dir herzlich, dass du unseren kleinen Esel schonen willst.«

Die Kamele bewegten sich unruhig hin und her. Wer von ihnen durfte das Kind auf seinem Rücken tragen? Sie drängten sich vor und versuchten, sich besonders fromm zu zeigen.

Eines der Packkamele wurde ausgewählt. Man verteilte seine Last auf die anderen Tiere. Maria wurde auf das starke Tier gesetzt, das mit majestätischem Schritt durch die Wüste zog.

»Schaut nur«, meinten die Wärter, »das Kamel denkt wohl, dass es etwas Besonderes tragen darf.«

Der Esel aber trottelte missmutig hinterdrein. Es war so leer, ohne Maria auf dem Rücken.

»Hier gehe ich nun und bin nur noch ein ganz gewöhnlicher Esel«, dachte er traurig. »Bin nicht mehr Marias kleiner Esel! Ich bin ja so unglücklich. Es ist alles viel beschwerlicher ohne diese Last. Auch fehlt es mir, dass ich meinen Kopf nicht mehr zwischendurch auf Josefs Schulter legen und das Juchzen des Jungen hören kann. Ich halte das nicht aus!«

Das Packkamel war an diesem Abend überaus stolz und erzählte den anderen immer von Neuem, was die Frau gesagt und wie das Kind es gestreichelt hatte, wobei die Mutter das kleine Händchen führte.

Am nächsten Morgen verletzte sich dieses Kamel ein wenig am Fuß. Es hinkte etwas. Sofort bekam es seine Last zurück und ein anderes Kamel wurde als Reittier für Maria ausgewählt. Und so ging es weiter. Nur einen Tag und nicht länger durfte jedes Kamel das Kind und seine Mutter tragen. Immer gab es am Morgen einen Grund, weshalb der Wechsel vorgenommen werden musste. Die Tiere fanden das gerecht. Die Wärter aber wunderten sich sehr.

»Es sieht fast so aus, als wäre es Absicht der Kamele«, meinte der Anführer, der sich sehr gut auf seine Tiere verstand.

Nur der Esel wurde immer betrübter. Es war schon so lange her, dass er Maria dienen durfte. Er konnte nur noch einsam hinter den anderen hertrotten, ließ den Kopf hängen und sah elend und bekümmert aus.

»Dir setzt die Hitze sehr zu, du kleiner Esel«, sagte Josef am Abend. »Es ist nur gut, dass du nicht auch noch tragen musst.«

Da wandte der Esel den Kopf ab und wollte von Josef nicht mehr gestreichelt werden. Als aber Maria kam, konnte er nicht widerstehen, er musste einfach sein Maul an ihrer Wange reiben.

»Bald sind wir in Ägypten«, tröstete ihn Maria. »Dann werden es wieder nur wir sein, du und ich und Josef und der Junge.«

Eines Tages ging das Wasser zu Ende.

»Die Reise hat sich durch den Sandsturm verzögert«, meinte der Anführer. »Wenn wir Glück haben, finden wir noch vor dem Abend eine Quelle. Es gibt eine kleine Oase – ungefähr eine Halbtagesreise von hier.«

Das war der schlimmste Tag der ganzen Reise. Alle waren vom Durst geplagt. Der Esel ging wie schlafwandelnd, die Beine waren schwer wie Blei. Er war nass vor Schweiß und über und über mit Staub verklebt.

»Was macht's schon aus, wenn ich in der Wüste sterbe«, dachte er. »Maria und Josef kommen ohne mich genauso gut aus. Ich bin ihnen nur im Wege.«

Da fiel der Esel und blieb im heißen Sand liegen.

»Wir haben keine Zeit, auf ihn zu warten«, sagte der Anführer der Karawane.

»Wir müssen zur Quelle, wenn wir nicht alle umkommen wollen. Und zwar schnell.«

Da bat Josef darum, von seinem Kamel absteigen zu dürfen.

»Ich werde mich schon mit dem Esel zur Quelle durchschlagen«, sagte er. »Ich kann ihn nicht hier in der Wüste einfach liegen und sterben lassen!«

Er ging zum Esel zurück, sprach mit ihm und tröstete ihn. Schließlich gelang es ihm, ihn wieder auf die Beine zu bringen. Wie müde und durstig beide waren, als sie durch den Sand vorwärts stolperten.

»Halte aus!«, sagte Josef. »Da vorn ist eine Oase. Da kannst du trinken, so viel du willst.«

Aber es gab dort kein Wasser. Der Sturm hatte die Quelle zugeschüttet, das Wasser war unter tiefem Sand begraben.

Die Männer waren verzweifelt und verärgert.

»Ihr seid schuld«, sagte der Kaufmann zu Josef. »Ihr und euer Esel. Seinetwegen haben wir uns verspätet, sonst wären wir schon längst in Ägypten!«

»Der Herr wird uns helfen«, sagte Maria sanft und ging zu ihrem Esel. Sie trug das Kind auf dem Arm.

»Das wollen wir mal sehen«, murrte der Kaufmann ungehalten. »Ich frage mich nur, wie das geschehen sollte!«

Maria beugte sich über ihren Esel, der halb tot zu ihren Füßen lag. Plötzlich fing das Kind zu lachen an. Es klang wie ein perlender Bach.
»Hört nur das Kind!«, sagte der Anführer. »Das muss schon ein sehr kleines Kind sein, das in solch einer Situation noch lachen kann.«
»Es soll still sein!«, rief der Kaufmann. Er hatte Fieber und der Durst plagte ihn besonders schwer. »Oh, oh - gibt es denn niemanden, der einen Becher Wasser gegen Gold verkaufen will?«, jammerte er.
Niemand antwortete.
»Mein liebes Kind«, flüsterte Maria, »streichle doch unseren Esel. Ihm geht's gleich besser, wenn du ihn nur anrührst.«
Und sie nahm die Hand ihres Kindes und führte sie über den Kopf des Tieres. Da juchzte der Junge, als ob er etwas zu erzählen hätte. Er strampelte vor Übermut.
Das müde Tier öffnete seine matten Augen und sah den Kleinen. Was wollte er ihm erzählen? Der Esel versuchte, in den klaren Kinderaugen zu lesen.
»Aber was ist denn das? Der Engel! Er winkt!«
Da richtete sich der Esel halb auf und hob sein Haupt! Und wirklich, der Engel stand da. Er winkte ihm. Nun stand er vollends auf und wackelte hinter ihm drein.
»Er hat den Engel gesehen«, flüsterte Maria. »Dem Himmel sei Dank! Wir werden Wasser haben!«
»Wasser!«, riefen alle und folgten dem Esel in einer langen, schwankenden Reihe.
Der Engel führte den Esel etwa hundert Meter hinaus in die Wüste. Dort blieb er neben einer klaren Quelle stehen.
Josef brachte Maria Wasser.

»Nein, gib es zuerst dem Kaufmann«, bat sie. »Er ist schon ohnmächtig.«

Als Josef das frische Wasser an die Lippen des Mannes führte, kam dieser wieder zu Sinnen.

»Was ist das für Wasser?«, fragte er. »Es macht mich mit einem Schlag munter.«

Alle Männer saßen noch lange wach in dieser Nacht und sprachen über das Wunder, das geschehen war, und wie sie gerettet wurden dank Marias kleinem Esel.

In Ägypten

Vor Josefs und Marias erstaunten Augen breitete sich eine grüne Ebene aus. Weit entfernt sahen sie einen breiten, glänzenden Streifen. Der Karawanenführer erzählte ihnen, dass das der Nil sei, Ägyptens berühmter Fluss.

»Jetzt gehört der Ring bald mir«, dachte der Kaufmann zufrieden. »Wie wunderbar er ist! Ich konnte kaum hinsehen, wenn der Junge mit ihm spielte. Solch ein Ring ist ja auch genau das richtige Spielzeug für Kinder!«

Aber eine schwache Stimme flüsterte im Herzen des Kaufmanns: »Glaubst du wirklich, dass es rechtens ist, den Ring für das Wenige, das du gegeben hast, zu verlangen? Sind es nicht vielmehr sie, die dir geholfen haben? Wie war das mit dem Sandsturm und der Quelle?« Aber der Kaufmann brachte diese innere Stimme zum Schweigen.

»Ich werde mehr für sie tun«, dachte er. »Wenn ich dafür sorge, dass Josef Arbeit in Ägypten findet und die Familie ein Haus bekommt, dann habe ich den Ring wohl mehr als verdient. Josef kann sich hier niemals selbst Arbeit besorgen.«

»Aber es fällt mir wirklich schwer, mich von ihnen zu trennen«, seufzte er. »Merkwürdig, wie lieb ich sie gewonnen habe, den ruhigen Josef und die gute Maria, die immer so sanft und heiter ist. Auch den Jungen! Ich wünschte, er wäre mein Kind. Nie habe ich jemand so gern gehabt wie ihn. Sogar mit ihrem kleinen Esel habe ich mich befreundet. Es ist schon etwas Sonderbares um diese Flüchtlinge. Manchmal frage ich mich, wer sie wirklich sind. Ich werde ihnen ein Dach über dem Kopf verschaffen. Ja, das werde ich tun.«

Da gelangten sie in ein ziemlich großes Dorf. Dort hatte der Kaufmann einen Geschäftsfreund, den er stets auf der Durchreise zu besuchen pflegte. Er sprach mit ihm über Josef.

»Hör mal zu«, sagte er anschließend zu Josef. »Ein Freund von mir hat einen Garten hier im Dorf. Er baut dort Balsam an. Dieser Garten ist in letzter Zeit etwas verwahrlost. Er bietet dir an, ihn wieder in Ordnung zu bringen und zu pflegen. Da steht auch ein kleines Haus dabei, das ihr euch zurechtmachen könnt, um darin zu wohnen.«

Josef und Maria waren natürlich äußerst froh.

»Bist du ein verkleideter Engel?«, fragte Maria. »Manchmal habe ich fast den Eindruck.«

Da wurde der Kaufmann ganz rot.

»Wie können wir dir nur für deine Güte danken?«, fragte Josef. »Hast du einen besonderen Wunsch?«

Der Kaufmann schluckte zweimal und sagte dann: »Den Ring!«

Josef und Maria sahen einander an.

»Der gehört dem Jungen«, sagte Josef zögernd. »Ich weiß nicht, ob wir ihn dir geben dürfen.«

Der Junge saß auf Marias Knie und spielte mit dem Ring. Plötzlich, als ob er das Gespräch verstanden hätte, streckte er den Ring dem Kaufmann mit entzücktem Gejuchze entgegen.

»Schau, er gibt ihn dir«, sagte Maria. »So nimm ihn. Aber du musst auch erfahren, was das für ein Ring ist; denn es ist kein gewöhnlicher Fingerring. Das Kind erhielt ihn von einem sehr weisen und reichen Mann. Dieser sagte: ›Das ist der Ring der Wahrheit. Wenn einer ihn trägt, der aufrichtig und wahrhaftig ist, dann wird die Perle herrlich glänzen. Ist aber sein Träger

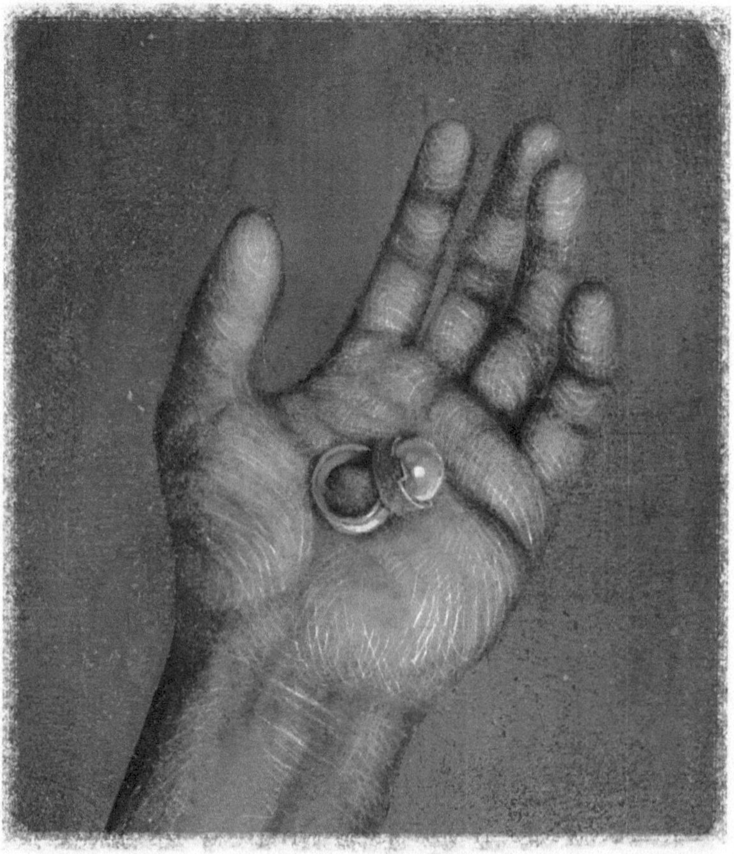

unwürdig, versucht er zu lügen und zu betrügen, dann verliert er seinen Glanz und seine Schönheit.‹ Du bist ein guter Mensch, du kannst den Ring tragen.«

Der Kaufmann stand mit dem Ring in der Hand da. Er war wie vor den Kopf geschlagen! Nun besaß er diesen kostbaren Ring und wagte nicht, ihn an den Finger zu stecken. Kaum anzusehen wagte er ihn.

Da rief der Karawanenführer. Die Karawane war bereit, weiterzuziehen, und der Kaufmann musste ihnen folgen. Hastig nahm er Abschied von Josef und Maria, küsste noch das Kind und eilte von dannen. Den Ring fühlte er hart in seiner zu einer Faust geballten Hand.

Er wandte sich noch um und rief: »Ich komme wieder. Ich verspreche, euch wieder in euer Land zurückzuführen, sobald die Zeit gekommen ist.«

»Der Herr sei mit dir«, rief Maria zurück.

Josef und Maria wohnten mehrere Jahre lang in dem ägyptischen Dorf. Alle meinten, sie wären ganz gewöhnliche Flüchtlinge. Die Frauen kamen oft in ihr Haus und sprachen mit Maria. Sie schauten nach dem Jungen und wurden niemals müde, ihn zu loben. Wie hübsch er sei und so stark und so lieb.

»Noch nie zuvor hat man ein solches Kind gesehen«, sagte eine Frau. »Wie ein Engel vom Himmel! Aber sag mal, kannst du mir nicht ein bisschen Milch leihen? Ich habe keine mehr und mein Töchterchen ist hungrig und durstig. Sie ist nicht so kräftig und frisch wie dein Junge.«

Da holte Maria Milch aus ihrem ärmlichen Vorrat und gab sie der Nachbarsfrau.

»Dein Sohn sieht aus wie ein Königskind«, sagte eine andere. »Aus dem wird einmal etwas ganz Großes, Maria. Hast du vielleicht noch etwas Öl, das du mir leihen kannst? Mein Krug ist ganz leer.«

Maria holte ihren Ölkrug hervor und gab daraus der Nachbarsfrau, die damit froh nach Hause zog.

Obgleich kein Mensch im Dorf ahnte, was das für ein Kind war, das hier lebte, dauerte es doch gar nicht lange und alle Tiere wussten Bescheid.

Zuerst war es der Hund. Er schnüffelte im Garten herum und hörte das Kind jauchzen. Maria hatte es in den warmen Sand unter eine Schatten spendende Palme gesetzt. Der Hund näherte sich ihm neugierig. Als er merkte, dass das Kind allein war, kam er ganz dicht heran und schnüffelte an ihm.

»Tu ihm nicht weh!«, rief der Esel, der in der Nähe an einen Baum gebunden stand und ihn beobachtete.

Der Junge streckte sein kleines pralles Händchen aus und steckte es ohne Weiteres in die Schnauze des großen Hundes. Dem Esel blieb fast der Atem weg.

»Pass auf!«, flüsterte er. »Pass auf!«

Der Hund leckte ganz vorsichtig das Händchen und strich dann mit der Zunge über das rosige Gesichtchen. Das Kind lachte vergnügt. Da wälzte sich der Hund auf dem Boden und fing an herumzutollen, bis der Kleine vor Lachen gluckste.

»Was ist das für ein Kind?«, fragte der Hund den erstaunten Esel. »Es ist irgendwie sonderbar. Ganz anders als die anderen Kinder, die ich kenne. Es ist herrlich, in seiner Nähe zu sein. So habe ich mich noch nie gefühlt. Es ist wohl ein Engel und gar kein Mensch?«

»Er wird der Gute Hirte sein«, sagte der Esel feierlich.

»Was sagst du da?«, bellte der Hund. »Und ich habe ihm das Gesicht geleckt.«
Da kam die Nachbarskatze mit hochgebogenem Schwanz angeschlichen, bereit, aufs Dach zu springen. Es war ein herrliches Vergnügen, da oben zu sitzen und den Hund so lange zu reizen, bis er wütend würde.
»Komm mal her, Katze«, rief der Hund aufgeregt. »Komm nur und hör mir zu!«
Die Katze war so überrascht, dass sie stehen blieb.
»Was hast du nun schon wieder vor?«, fragte sie misstrauisch. »Glaubst wohl, du kannst mich hereinlegen!«
»O nein«, sagte der Hund. »Komm ruhig mal her und sieh dir das neue Kind hier an. Wer, glaubst du, ist es?«
Der Junge streckte die Arme nach der Katze aus, die mit einem gewaltigen Satz auf ihn zusprang. Gleich fing sie an zu schnurren und streichelte ihn liebevoll mit ihren Vorderpfoten.
»Pass auf das Kind auf«, bellte der Hund. »Siehst du denn nicht, wer es ist?«
»Es sieht wie jedes andere gewöhnliche Kind aus«, dachte die Katze. »Und doch fühlt es sich herrlich an, wenn es mich berührt. Wie als Mama mich ableckte, als ich noch ganz klein war ... Also sag schon, wer ist es?«, fragte sie den Hund.
»Der Gute Hirte«, sagte er.
»Auf den die ganze Welt wartet seit dem Tag der Schöpfung?«, fragte die Katze.
»Ja«, sagte der Esel. »Genau der!«
Da schwirrten einige Vögel um den Kopf der Katze herum. Sie hatten sie erblickt und wollten sie ärgern.
»Hört auf«, rief die Katze den Vögeln zu. »Stört das Kind nicht. Seht ihr denn nicht, dass es eingeschlafen ist?«

»Was ist schon ein Kind«, spotteten die fürwitzigen Vögel und flogen wieder dicht an der Katze vorbei.
»Seid doch vorsichtig«, mahnte die Katze. »Ihr weckt es auf.«
Da setzten sich die Vögel in einen Baum und betrachteten das Kind.
»Kommt näher und seht es euch genau an«, sagte die Katze.
»Das denkst du dir so!«, kreischten die Vögel. »Wir wissen ganz genau, was du für eine bist und was du im Sinn hast.«
»Ich werde euch nichts tun. Ich verspreche es«, sagte die Katze.
Zwei oder drei Vögel wagten sich herunter, blieben aber außer Reichweite der Katze.
»Oh, was für ein zauberhaftes Kind. Schaut, wie es hier im Schlafe liegt«, zwitscherten sie.
»Wisst ihr, was das für ein Kind ist?«, fragte der Hund.
»Nein«, antwortete ein Vogel. »Aber es sieht wie ein Engel aus.«
»Weißt du denn, wie Engel aussehen?«, fragte die Katze hinterhältig.
»Ja, ich weiß das. Im Winter war ich nämlich im Land der Judäer und da war alles voll von Engeln. Die sangen zu Ehren eines Kindes, das vom Himmel in eine Stadt namens Bethlehem gekommen war.«
»Ja, ich sah sie auch«, stimmte ein anderer Vogel zu.
»Wir sprachen auch mit einigen Vögeln, die seiner Mutter gefolgt waren«, meinte ein dritter.
»Ihr solltet nur gehört haben, wie die Engel sangen«, begeisterte sich ein anderer. »So können wir niemals singen lernen. Aber wir haben ein Wiegenlied von diesen Engeln gelernt. Hört mal!«
Und alle zwitscherten sie so munter und gleichzeitig so lieblich, dass Maria herauskam und sich wunderte: »Aber das können doch nicht meine Vögel aus Nazareth sein?«

Lächelnd warf sie ihnen eine Handvoll Körner hin. Als sie daherkamen und sie aufpickten, merkte sie, dass es nicht ihre Vögel waren.

»Merkwürdig«, sagte sie. »Sie singen ganz gleich wie meine kleinen Sänger zu Hause.«

»Das ist ja die Mutter des Kindes«, zwitscherten die Vögel. »Dann muss dies das Kind sein, für das die Engel gesungen haben.«

»Genau das ist es«, erklärte der Hund. »Und es wird unser Guter Hirte sein.«

»Ach wie schön ist es, auf seinen Füßen zu liegen«, schnurrte die Katze. »Noch viel schöner als in der Geborgenheit bei Mama, als ich noch klein war. Man fühlt, dass es der Gute Hirte ist.«

»Aber wie ist es an das Ufer des Nil gekommen?«, fragten die Vögel.

»Davon kann ich euch erzählen«, bemerkte der Esel.

Kaum hatte der Esel angefangen, da riefen die Vögel: »Aber dann warst du es, der sie begleitet hat! Bist du denn ihr kleiner Esel?«

»Richtig«, schrien die anderen Vögel. »Du bist der tüchtige kleine Esel!«

Dann lauschten sie alle still der Erzählung des Esels über die Flucht nach Ägypten.

»Wir sind so froh«, sagten die Vögel, als der Esel geendet hatte, »dass der Gute Hirte hierher in unser Land gekommen ist.«

»Hier werden wir aber nicht für immer bleiben«, sagte der Esel.

»Aber warum seid ihr hierher geflohen?«, wunderten sich die Vögel.

Der Esel erzählte von dem bösen König.

»Wir müssen alle zusammenhalten und helfen, damit dem Kind nichts zustößt«, sagte die Katze eindringlich. »Ihr Vögel solltet unsere Kundschafter sein. Sobald ihr etwas argwöhnt, kommt ihr her und berichtet uns. Wir, der Hund und ich, wechseln uns beim Wachehalten ab, während der Esel draußen bei der Arbeit ist. Denn auch Ägypten ist ein gefährliches Land und man kann ja nie wissen ...«

»Ja, das klingt gut«, dachten der Hund und die Vögel. Sie wollten darauf achten, dass dem Kind nichts zustößt.

»Ist das denn wirklich nötig?«, überlegte der Esel. »Hier ist doch alles ganz friedlich.«

»Sei nicht so sicher«, sagte der Hund.

»Die Engel werden uns helfen«, antwortete der Esel vertrauensvoll.

Doch die Tage verstrichen ganz ruhig und es kam nur Leben und Bewegung in den Ort, wenn eine Karawane anlangte. Da war ein Rennen und Schreien und eine Hetze in diesen paar Tagen. Danach wurde es wieder ganz still und ruhig im Dorf.

Eines Tages aber wäre es fast schlimm ausgegangen.

König Herodes, der sehr böse darüber war, dass er das Kind nicht fassen konnte, sandte eine Botschaft nach Ägypten, in der er darum bat, dass Soldaten an der Grenze nach dem Kind suchen dürften. Er glaubte doch an die Möglichkeit, dass es in dieses Land entkommen sein könnte.

Und so kamen Soldaten auch in dieses Dorf.

Maria war gerade dabei, eine baufällige Hütte, die zwischen einigen morschen Baumstämmen aufgerichtet war, wieder in Ordnung zu bringen. Die Hütte war seit vielen Jahren nicht mehr benutzt worden, aber jetzt hatte sich Maria entschlossen, das Gerümpel auszuräumen und sie auszukehren, damit Josef seine Geräte dort verwahren konnte. Das Kind, das inzwischen größer geworden war und schon herumkrabbelte, spielte mit der Katze im Sand. Josef und der kleine Esel arbeiteten in einer abgelegenen Ecke des großen Gartens.

Die Soldaten kamen in das Dorf geritten. Sie gingen in die Häuser und fragten nach Flüchtlingen aus dem Land der Judäer. Aber sie erfuhren nichts, denn niemand war bereit, von Josef und Maria zu sprechen. Da durchsuchten sie jedes Haus im Dorf, fanden aber keine Spur.

Die Schwalben, die über der Tür des ersten Hauses im Dorf nisteten, sahen zwar die Soldaten, erkannten aber die Gefahr nicht. Da kam ein strahlender Engel, der mit dem Finger zum Garten von Maria zeigte, und flüsterte: »Beeilt euch. Versteckt das Kind!«

Wie eilig sie es dann hatten!

»Soldaten! Sie suchen das Kind«, piepsten sie aufgeregt im Chor.

»Wo sollen wir es verstecken?«, jammerte die Katze erschreckt.

»In der Hütte«, sagte der Hund, der wie toll angerast kam.

Die Vögel flogen auf den Boden und zwitscherten auf das Kind ein. Es hatte sicherlich verstanden, was sie meinten, denn es krabbelte gleich in die dunkle Hütte. Maria aber fand, dass es ihr hier im Wege sei, und wollte es wieder hinaustragen. Da flatterten die Vögel um ihr Haupt herum und piepsten so jämmerlich, bis sie begriff, dass wohl etwas Besonderes vor sich ging. Sie trat vor die Hütte und horchte. Da hörte sie das Getrappel von Hufen. Pferde! Das bedeutete Soldaten!

Maria drückte den Jungen an sich und zog sich so weit als es nur ging in die Hütte zurück. Ach, warum nur hatte sie gerade heute geputzt und gefegt? Jetzt war die Hütte so ordentlich, dass die Soldaten sie hier sicherlich finden würden. Sie wollte hinauslaufen und sich ein anderes Versteck suchen.

Die Vögel aber piepsten verzweifelt. Sie flatterten so lange um sie herum, bis sie wieder hineinging. Da kamen einige Schwalben mit Spinnen im Schnabel herbeigeflogen. Sie setzten sie an den alten Baum bei der Hütte. Die Spinnen begannen sofort, ein großes Netz zu weben, das den Eingang versperrte. Der Hund scharrte Dreck auf den frisch gefegten Fußboden und gleich sah alles so schmutzig aus wie vorher. Als die Soldaten in den Garten kamen, lag die Katze vor dem Eingang zur Hütte und gähnte.
Die Soldaten schauten in Marias kleine Behausung, da aber war niemand zu finden. Josef und den Esel beachteten sie nicht. Schließlich warfen sie einen Blick auf den kleinen Schuppen, da aber sagte einer der Soldaten: »Da hat seit Jahren kein Mensch seinen Fuß hineingesetzt.«
»Aber ich will doch lieber nachsehen«, meinte ein anderer.
»Geh nur«, höhnte der erste, »wenn es dir Spaß macht, deinen Helm mit Spinnweben zu verhängen.«
Da lachten sie alle und ritten weiter. Kurze Zeit danach hörte man am donnernden Hufschlag, dass sie das kleine Dorf verließen.
»Josef!«, rief Maria.
Josef kam angerannt.
»Soldaten!«, sagte Maria atemlos. »Sie haben uns gesucht.«
»Dem Himmel sei Dank, dass sie uns nicht gefunden haben«, keuchte Josef noch ganz entsetzt.
»Die Vögel haben den Jungen in die Hütte gelockt und mich gezwungen drinzubleiben. Der Hund hat den Dreck auf den Boden gescharrt und die Spinnen haben die Türöffnung mit Spinngewebe gefüllt, bevor ich noch denken konnte.«
»Wir sollten nicht ängstlich sein, Engel beschützen uns und die Tiere kommen uns zu Hilfe.«

»Aber woher wissen die Tiere, wer unser Kind ist, Josef?«
Josef schüttelte nur den Kopf und lächelte Maria an, während sie den Vögeln Korn streute und der Katze und dem Hund Milch in einer Schale hinstellte.
Der kleine Esel lächelte vor sich hin.
»Vielen tausend Dank, ihr guten Freunde«, sagte er zu Hund und Katze und zu den Vögeln. »Das habt ihr gut gemacht.«
»Haben wir nicht versprochen, dass wir über das Kind wachen wollen?«, fragte die Katze.
»Du hast ja nicht geglaubt, dass das notwendig sein könnte«, meinte der Hund. »Siehst du's jetzt?«
»Hm«, machte der Esel. »Aber ich habe gesagt, dass der Engel uns helfen wird.«
Der Junge hatte sich inzwischen das ganze Spinngewebe um die Hände gewickelt. Quer über den Zeigefinger krabbelte eine große Spinne. Er saß ganz still und beobachtete sie.

Eine frohe Botschaft

Hie und da kam der reiche Kaufmann vorbei. Wenn seine Reise ihn durch das kleine Dorf führte, nahm er sich immer die Zeit, hinaus zum Balsamgarten zu gehen und Maria und Josef zu begrüßen. Manchmal brachte er ein feines Stück Holz mit, aus dem Josef etwas schnitzen konnte. Manchmal hatte er auch ein schönes Tuch für Maria. Immer aber brachte er Naschereien für den Jungen mit.

Als er zum ersten Mal kam, hatte der Junge gerade gehen gelernt.

»Dass er schon gehen kann!«, rief der Kaufmann überrascht aus. »Und wie gut er das macht, wie großartig er das Gleichgewicht hält.«

Wenn man den Kaufmann hörte, konnte man glauben, es wäre ein Wunder, dass der Junge schon umherwatscheln konnte.

Josef aber lächelte und sagte: »Alle kleinen Kinder lernen gehen, wenn sie gesunde Gliedmaßen haben.«

Das nächste Mal, als der Kaufmann hereinsah, konnte das Kind schon sprechen. Es sagte »Vater« und »Mutter« und noch einige andere kurze Worte.

»Wie klug dieses Kind ist! Noch nie hat es so etwas gegeben! Wie rein und deutlich er die Worte ausspricht! Sicherlich wird er einmal ein großer Redner in Israel werden!«

Da sagte Maria fröhlich, dass der Junge gewiss nicht anders als andere Kinder in diesem Alter sei. Das wollte der Kaufmann allerdings nicht glauben.

Nun war aber der Kaufmann schon lange nicht mehr da gewesen. Josef und Maria sprachen manchmal von ihm und fragten sich, ob er wohl nicht mehr nach Ägypten reiste. Noch öfter aber fragten sie sich, ob nicht bald die Zeit kommen würde, wo sie heimkehren dürften.

Aber niemand wünschte sich so sehr die Heimreise wie der kleine Esel. Sicher war es vergnüglich, mit dem Jungen herumzuspielen, der so schnell wuchs, gehen und sprechen lernte. Aber es wäre noch vergnüglicher gewesen, wenn er diese Freude mit den Gefährten zu Hause in Nazareth hätte teilen können.

Wie werden die warten! Die kleinen Ziegen und Lämmer. Sie mussten ja schon lange erwachsen sein! Der Esel war sich aber sicher, dass sie dennoch genauso dringlich auf Maria und das Kind warteten. Und er konnte nie vergessen, dass er ihnen ganz fest versprochen hatte, den so lang Ersehnten nach Hause zu bringen.

»Manchmal habe ich das Gefühl, dass ich alt werde«, dachte er. »Die Beine sind schon ein bisschen steif. Es wird mir schwer werden, nochmal die große Wüste zu durchqueren. Ich hoffe, es dauert nicht mehr allzu lange. Auch meine Augen sind trüb geworden. Wenn ich nun den Engel nicht mehr sehen kann? Was soll dann aus uns werden?«

»Maria«, sagte Josef eines Tages, »ich glaube, unser Esel wird langsam alt. Er schafft nicht mehr so viel wie früher. Und was ist nur mit seinen Augen los?«

Maria ging zu dem kleinen Esel, hob seinen Kopf und sah ihm in die Augen.

»Sie sind noch genauso schön wie früher«, meinte sie. »Genauso gut und klug. Und sie sehen mich so liebevoll an, dass mein Herz vor Dankbarkeit fast überfließen will.«

»Aber er ist heute über einen Zweig gestolpert, und gestern hat er sich an einem Baum gestoßen. Er sieht nicht mehr richtig, wohin er geht.«

»Mein Lieber«, sagte Maria, »dann musst du doppelt fürsorglich mit ihm umgehen.«

Josef und Maria liebkosten den Esel noch öfter als früher und gaben ihm so gut und viel zu fressen, wie sie nur konnten. Manchmal kam es vor, dass Josef eine Last lieber selber trug, als den Esel zu belasten. Auch wenn er deshalb mehrere Male gehen musste.

Auf diese Weise hatte der Esel viel Zeit, mit dem Jungen zu spielen. Josef hatte für ihn einen Sattel gemacht. Schnell lernte er reiten, so klein er auch noch war. Da merkte der Esel dann gar nicht mehr, dass die Beine steif und die Augen trüb waren. Er setzte sich in Galopp, und der Kleine schrie, jubelte und hüpfte im Sattel, dass alle anderen Kinder im Dorf angerannt kamen, um zuzusehen.

Dann durften sie alle auch ein Weilchen reiten.

Zwischendurch lag der Esel da und ruhte sich aus. Oft saß der Junge dann an seiner Seite und sprach und sprach.

»Wie gut sich die zwei verstehen!«, sagte Maria.

Eines Morgens sagte dann Josef: »Maria, freue dich! Wir können nach Hause reisen!«

»Wir dürfen nach Hause? Wie wunderbar! Woher weißt du das?«

»Der Engel sprach zu mir im Traum: ›Der böse König ist tot. Nimm Maria und das Kind und geh nach Hause in dein Land.‹«

Maria faltete die Hände, ihr Gesicht strahlte.

»Wie gut ist Gott, dass wir nach Hause dürfen.«

Sie hob ihren Sohn hoch und sagte: »Mein Junge, jetzt darfst du endlich deine Heimat sehen!«

»Heimat?«, fragte der Junge.

Josef aber betrachtete prüfend den kleinen Esel. Würde er es schaffen?

Abends wurde das ganze Dorf von munter läutenden Glöckchen geweckt.

»Da kommt eine Karawane«, sagte Maria. »Ich höre das Schellengeläut der Kamele. Ob es diesmal unser guter Freund, der Kaufmann, ist?«

»Ja, Kamele. Kann sein. Er hatte uns doch versprochen, bei der Heimreise zu helfen. Und sicherlich hat Gott ihn nunmehr hierher gesandt«, meinte Josef.

Und es war der Kaufmann!

Er lachte aus vollem Halse, als er sah, wie groß der Junge inzwischen geworden war.

»Welch ein prächtiges Kind!«, rief er. »Ein Königskind! Und nun könnt ihr nach Hause zurückkehren, nachdem der böse Herodes tot ist. Seid morgen früh beizeiten bereit, dann werden wir unsere Reise durch die Wüste antreten.«

Heimreise

»Schaut doch mal her!«, riefen die Kamele. »Da ist ja Marias kleiner Esel. Dürft ihr jetzt heimreisen? Wie herrlich!«

»Oh, du bist Marias kleiner Esel?«, fragten zwei neue Kamele und grüßten artig. »Wir haben viel von dir gehört. Du sollst der klügste Esel auf der ganzen Welt sein. Man sagte uns, dass du Engel sehen kannst. Ist das wahr?«

»Früher konnte ich es«, sagte der Esel. »Aber ich muss zugeben, dass meine Augen trüb geworden sind. Ich bin mir nicht sicher, ob ich sie heute noch sehen kann.«

»Du kannst das bestimmt, wenn es nötig ist«, erklärte das älteste Kamel freundlich.

Und dann begann die lange Heimreise. Der Junge jubelte vor Freude, als er auf einem Kamelrücken reiten durfte. Sobald die Gesellschaft jedoch rastete, ging er zum kleinen Esel, legte die Arme um dessen Hals und flüsterte ihm Geheimnisse ins Ohr.

»Ich tauge nichts mehr«, dachte der Esel traurig. »Ich bin nur mehr ein lästiges Anhängsel.«

Ob der Junge das verstanden hat? Gerade als der Esel das dachte, sagte er ihm nämlich, dass er auf der ganzen Welt keinen besseren Spielkameraden und Freund hätte. Und wie nur sollte sich ein kleiner Junge ohne Esel zurechtfinden. Das könne er sich gar nicht vorstellen.

Darüber vergaß der Esel seine entsetzliche Müdigkeit, und die Schmerzen in den Beinen ließen nach. Er strich mit den Nüstern liebevoll über die Wange des Jungen.

»In seinen Händen ist eine große Heilkraft«, sagte er zu den Kamelen.

Und sie glaubten es, denn als eines Tages eines von ihnen von einer Bremse scheußlich gestochen worden war, wurde es gleich wieder gut, als der Junge seine kühle Hand auf die vor Schmerz brennende Schwellung gelegt hatte.

Diesmal verlief die Reise schnell und gut. Kein Sandsturm zog über sie her und zwang die Reisenden, Schutz zu suchen. Und wenn sie zu den ach so seltenen Brunnen kamen, waren sie voller Wasser.

Aber nachts war es sehr unruhig. Viele wilde Tiere strichen um die Karawane herum, wenn es Zeit war, das Lager aufzuschlagen. Und sobald es finster war, lärmte es ringsumher ganz schrecklich. Die Schakale heulten so Furcht erregend, dass einem das Blut in den Adern erstarren konnte, und die Löwen brüllten, dass es wie rollender Donner über die ganze Wüste toste. Man zündete Feuer an, die die ganze Nacht über brannten. Die Kamelwärter hielten abwechselnd Wacht.

Eines Nachts war es noch weit schlimmer als sonst. Es war ein Brüllen und Heulen und Bellen, wie es noch nie jemand erlebt hatte.

Der Einzige, der unbekümmert vom ganzen Lärm schlafen konnte, war der Junge. Die Kamele und der Esel zitterten vor Angst. Die Menschen waren nervös und furchtsam. Aber schließlich schliefen doch alle ein, und gegen Morgen schlummerte sogar die Wache tief und fest.

Der Mond stand hoch am Himmel und sein Licht strahlte hell. Der Wüstensand erschien wie Silber. Da erwachte der kleine Esel, denn plötzlich herrschte vollkommene Ruhe. Er stand da und blinzelte ein bisschen in den milden Mondenschein. Mit seinen trüben Augen hielt er Ausschau über die Wüste und dachte, dass es hier richtig schön sei.

»Gut«, dachte er. »Jetzt haben sich die Raubtiere zurückgezogen. Sie haben wohl eingesehen, dass es sich nicht lohnt, zu nahe zu kommen, solange das Feuer die ganze Nacht brennt. Wie gut, dass wir das Feuer haben. Es wärmt und verjagt die Raubtiere. Aber ich denke, ich kann noch ein Weilchen schlafen bis zum Morgen. Wie tief Maria schläft und Josef und der Jun...«

Der Esel blinzelte, dann schaute er ganz genau hin. Er konnte den Jungen nicht sehen. Ihm wurde angst und bang und er fing an, im ganzen Lager nach ihm zu suchen. Aber nirgends war auch nur die geringste Spur von dem Kind.

»Wo ist es!«, dachte der Esel. »Wo? Es kann doch nicht ein Löwe ... Nein, das ist absolut unmöglich! Aber wo ist es dann? Vielleicht doch ein Löwe ...?«

Der Esel durchsuchte nochmal das ganze Lager. Der Junge war nirgends zu finden.

Da ging der arme kleine Esel ganz allein in die Wüste hinaus. Er musste wissen, was mit dem Kind geschehen war.

»Haben die Raubtiere es gerissen, dann sollen sie mich auch reißen. Wofür sollte ich dann noch leben?«, dachte er betrübt.

Ein Stück weiter draußen in der Wüste schimmerten einige große, helle Steine. Er ging auf sie zu. Als er näher kam, witterte er den scharfen Geruch von Löwen. Da blieb er stehen. Es war doch recht unheimlich, direkt in die Höhle des Löwen zu marschieren. Huch! Er zitterte am ganzen Leib.

Plötzlich hörte er munteres Lachen. Er erkannte es wieder.

Der Junge!

Komme, was da kommen mag! Der Esel ging weiter, um seinen kleinen Freund herauszulocken. Da sah er, dass die Steine lebten. Es waren große Löwen. Sie lagerten rings um das Kind herum, das mitten unter ihnen auf dem Boden saß. Einer von ihnen puffte es spielend und vorsichtig mit seiner riesigen Tatze. Der Junge purzelte um. Aber offensichtlich hielt er dies für ein lustiges Spiel, denn er war gleich wieder auf den Beinen und rief: »Nochmal!« Und gleich kriegte er wieder einen Puff. Dann ging er auf einen der Löwen zu und blies ihm mutwillig in die Augen. Der Esel hielt den Atem an. Doch der Löwe ließ das ruhig mit sich machen. Dann streichelte der Junge das gewaltige Maul des Löwen und dieser kuschelte sich zusammen wie ein schnurrendes Kätzchen.

Ein anderer Löwe stupste ihn mild in die Seite, er wollte auch gestreichelt werden. Aber auch die Schakale lagen ringsumher und wedelten mit ihren Schwänzen, drängten nach vorn zwischen den Löwen hindurch und leckten die Füße des Knaben.

Plötzlich erblickte der Junge den kleinen Esel. Er rief ihm froh zu.

Die Löwen wandten sich um und starrten auf den Esel, der nun noch mehr zitterte als schon zuvor.

»Fürchte dich nicht«, brüllte ein Löwe. »Wir tun dir heute Nacht nichts. Warum nur wollen die Menschen nicht, dass wir dem Guten Hirten huldigen?«

»Woher wusstet ihr, dass er es ist?«, fragte der Esel verwundert.

»Die Vögel in Ägypten haben es weit und breit erzählt«, sagte der Löwe. »Wir sind euch die ganze Zeit gefolgt, um ihn zu sehen und ihn zu ehren. Aber die Menschen ließen uns nicht.«

»Sie wissen es noch nicht«, sagte der Esel.

»Aber heute Nacht kam er von selbst zu uns. Wir haben alle gleichzeitig gerufen, da ist er aufgewacht und kam. Er hatte gar keine Angst.«

»Er hat wohl vor überhaupt nichts Angst«, meinte der Esel. »Aber was wollt ihr von ihm? Raubtiere brauchen doch keinen Hirten, oder?«

»Weißt du denn nicht«, antwortete der Löwe, »dass gesagt ist: ›Eines Tages werden alle Tiere Freunde sein und in Frieden miteinander leben. Panther und Löwen werden zusammen mit Kühen, Eseln und Schafen leben. Und ein kleiner Junge wird sie hüten.‹ Und wer sollte der Junge sonst sein, als dieser Kleine hier? Der Gute Hirte!«

Und das große Raubtier rieb ergeben sein Haupt am Bein des Jungen.

»Aber woher wisst ihr das alles?«, wunderte sich der Esel.

»Das hat Gott bestimmt, am Morgen aller Zeiten. Die Winde erzählen es und das Wasser singt davon. Man muss sich nur die Zeit nehmen zuzuhören. Ist's nicht so, Kleiner?«

Der Junge nickte mit dem Kopf.

»Wir wussten gleich, dass er es ist«, meinte ein anderer Löwe. »Denn als er kam, empfanden wir Geborgenheit und Frieden. Und keiner wollte dem anderen Böses tun.«

Jetzt kam der dritte Löwe nach vorn.

»Willst du ein bisschen reiten?«, fragte er und legte sich nieder.

Der Junge wusste gleich, was er meinte, denn er versuchte sofort, auf den kräftigen Rücken des riesigen Tieres zu klettern. Schließlich gelang es und er saß stolz darauf und hielt sich an der Mähne fest. Dann begann ein unerhörter Ritt. Der Löwe lief und der Junge jubelte.

Inzwischen war Josef drüben im Lager aufgewacht. Er weckte gleich die anderen Männer und sie bewaffneten sich mit Stecken und Fackeln, um das Kind zu suchen.

Sie befürchteten das Schlimmste.

Aber wer kam ihnen da entgegen? Der Junge auf einem Löwen reitend! Etwa zehn Schritte vor den verblüfften Männern blieb der Löwe stehen, legte sich nieder und ließ den Jungen absteigen. Dann wandte er sich um und verschwand ebenso schnell, wie er gekommen war.

Josef nahm den Jungen in seine Arme: »Wo bist du gewesen, mein Kind?«

»Bei den Raubtieren!«

»Warum denn? Weißt du denn nicht, wie gefährlich sie sind?«

»Aber sie haben mich doch gerufen, da bin ich hingegangen.«

»Kind, Kind, und wir haben solche Angst gehabt!«, sagte Josef.

»Aber es war gar nicht gefährlich«, sagte der Junge. »Sie waren alle so lieb.«

»Was ist das nur für ein Kind?«, fragte der Kamelwärter. »Er reitet auf einem Löwen so stolz wie ein König auf seinem Pferd. Träumen wir oder sind wir wach?«

In der nächsten Nacht wachte der Junge wieder vom Ruf der Raubtiere auf. Als Josef merkte, dass er aufstand, bat er ihn, sich wieder hinzulegen.

Aber der Junge antwortete, dass die Tiere sehnsüchtig auf ihn warteten. Er müsse zu ihnen.

»Geh nur, mein Junge«, sagte Maria. »Du bist genauso sicher bei den Raubtieren wie bei den Hunden und Katzen in Ägypten. Kein Tier wird dir etwas zuleide tun.«

Drei Nächte lang spielte der Junge mit den Tieren in der Wüste. Für ihn war es jedes Mal gleich lustig und immer mehr Tiere versammelten sich um ihn. In der letzten Nacht führte ihn ein Löwe in eine kleine Oase, die meilenweit vom Lager entfernt war. Da pflückten kleine Äffchen die herrlichsten Früchte für ihn.

Am nächsten Morgen wollte keiner im Lager seinen Erzählungen Glauben schenken. Als er aber einen Dattelzweig hervorholte, staunten alle.
Der Karawanenführer meinte: »Wir haben uns schon sehr über Marias kleinen Esel gewundert, der Engel sehen konnte. Aber noch viel mehr wundern wir uns über dieses Kind. Ist es selbst ein Engel, der auf die Erde gekommen ist? Wer sonst würde sich mitten zwischen den Raubtieren ebenso geborgen fühlen wie in Mutters Schoß?«

Gewiss, tagsüber war es schrecklich heiß in der Wüste und der Weg war keinen Schritt kürzer als beim ersten Mal, aber der Junge war die ganze Zeit über so strahlend froh und munter, dass er Mensch und Tier Müdigkeit und Durst vergessen ließ. Es war einfach unmöglich, wenn er da war, unfreundlich oder gar schlechter Laune zu sein.
Eines Tages fragten sich die Kamele: »Sind wir denn schon durch die Wüste? Sind dies da hinten nicht die Berge im Land der Judäer?«
»Die Reise ist sehr schnell gegangen«, meinten auch die Wärter. »Wir sind ja gleich da!«
Als sie an die Stelle kamen, wo der Weg nach Jerusalem abbog, mussten Maria und Josef von ihren Reisebegleitern Abschied nehmen.
»Wir danken dir tausendmal für deine Hilfe«, sagte Josef zum Kaufmann.
»Ich bin mehr als belohnt worden«, antwortete er.
»War der Ring so kostbar?«, verwunderte sich Josef.
»Der Ring! Ja sicher, er war sehr kostbar, und doch habe ich es

noch nicht gewagt, ihn anzustecken. Aber bald werde ich es tun. Euer Freund sein zu dürfen ist mir Belohnung genug.«

»Du bist so gut«, sagte Maria. »Wir werden dich nie vergessen. Wenn dich dein Weg einmal nach Nazareth führt, so bist du uns immer willkommen.«

»Ich bin noch nie durch diese Stadt gereist«, sagte der Kaufmann, »aber euch zuliebe werde ich hinkommen. Ich muss doch weiter beobachten, wie der Junge heranwächst. Glaubt meinen Worten, er wird eines Tages ein großer Mann in Israel.«

»Auf Wiedersehen, kleiner Esel«, sagten die Kamele. »Wir werden uns vielleicht nie mehr treffen, aber wir werden dich, Josef, Maria und das Kind nicht vergessen. Niemand war je so gut zu uns wie sie. Und wenn der Junge dabei ist, so scheint es uns fast, als wären die Wärter freundlicher zu uns als sonst. Sie treiben uns nicht so hart an und geben uns mehr zu fressen.«

»Lebt wohl«, sagte der kleine Esel. »Ich werde euch eure Hilfsbereitschaft nie vergessen!«

Josef und Maria schauten der davonziehenden Karawane nach. Sie zog weiter nach Jerusalem. Selbst mussten sie noch einige Tagesreisen weiter nach Norden, um nach Nazareth zu gelangen. Aber es waren jetzt bekannte Wege, denen sie folgen durften, und die Menschen, denen sie begegneten, sprachen ihre Sprache, waren vom selben Volk wie sie. Sie waren zurück im Land der Judäer! Es war Frühling und es duftete von tausenderlei Blumen. Der Esel rupfte einige grüne Halme aus.

»Ich hatte ganz vergessen, wie gut das Gras hier zu Hause schmeckt!«, dachte er.

»Mein lieber kleiner Esel«, sagte Maria, »jetzt musst du allein die ganze Last nach Hause tragen. Schaffst du das?«

Der Esel wedelte vergnügt mit seinem langen Schwanz.

»Schau nur, Josef, wie aufgekratzt er ist. Er merkt, dass wir nun bald zu Hause sein werden.«
»Aber es ist eine zu große Last für ihn«, sagte Josef. »Der Kaufmann hat uns noch so viel zum Abschied geschenkt.«
»Ich kann gehen«, sagte Maria. »Ich fühle mich wieder ganz kräftig, jetzt, wo ich diese Luft atmen darf. Und der Junge kann auch gehen, er ist jetzt groß und kräftig genug. Schau, wie flink er läuft. Und wenn's nötig ist, kann ich ihn ja zwischendurch tragen.«
»Ja, so wird's wohl gehen«, stimmte Josef zu. »Ich kann auch einen Teil der Last auf meinen Rücken nehmen.«
So wanderten sie gen Nazareth, Josef mit einem großen Pack auf dem Rücken, der kleine Esel so beladen, dass er es gerade schaffen konnte, und Maria mit dem Jungen an der Hand. Er tanzte den Weg entlang, so leicht, als habe er unsichtbare Flügel.

Die Erwartung

»Jetzt waren wir so lange fort, ich glaube kaum, dass sich noch jemand an uns erinnert«, meinte Josef.

»Ach was«, sagte Maria. »Meine Schwester wird uns schon nicht vergessen haben. Und alle unsere Freunde und die Tiere zu Hause.«

Es waren aber noch viele andere, die sich erinnerten und auf sie warteten.

Als Erster war es der alte Mann, dem der baufällige Stall in Bethlehem gehörte.

»Was aus ihnen nur geworden ist?«, fragte er oft, wenn er Hirten begegnete. »Ich kann sie einfach nicht vergessen. Sie flohen vor dem bösen Herodes, aber wie hätten sie nur je durch die Wüste kommen können?»

»Ich fürchte, dass sie von seinen Soldaten aufgefunden und getötet worden sind«, meinte ein anderer.

»Auch die Wüste ist sehr gefährlich für einsame Reisende«, sorgten sich die Hirten. »Man muss wirklich das Schlimmste befürchten.«

»Wie könnt ihr so etwas sagen?«, meinte der jüngste Hirte, der Ruben hieß. »Wie könnte Gott sie umkommen lassen, wo er selbst das Kind zur Erde gesandt hat? Ich glaube, dass sie irgendwo weit weg wohlbehalten leben. Jetzt, wo Herodes tot ist, kommen sie sicher bald zurück. Ihr werdet's schon sehen. Ich wünsche mir so sehr, das Kind wieder zu sehen. Erinnert ihr euch, wie schön es war in jener Nacht?«

»Ja, ich erinnere mich wohl an den strahlenden Schein um den Kopf des Kindes«, sagte Rubens Großvater. »Fast wie eine Krone. Und dabei war es nur Sternenlicht, das so leuchtete.«
»Ich werde den Engelsgesang nie vergessen«, sagte Rubens Vater.
»Ich wünsche so sehr, dass sie bald kommen«, seufzte der Alte im Stall. »Ich weiß, dass ich nicht mehr lange zu leben habe. Das sagt mir mein Herz.«
»Sie kommen bald!«, tröstete ihn Ruben. »Vor allem möchte ich auch ihren kleinen Esel wieder sehen. Ich denke sehr oft an ihn.«

In einer kleinen Stadt, nicht weit von Bethlehem, wohnten drei Männer, die auch oft von Josef und Maria sprachen. Es waren drei rechtschaffene Männer, die früher einmal Räuber gewesen waren.
»Was war das damals für ein herrliches Gefühl, als wir an jenem Morgen die Räuberhöhle verließen!«, stellte der Jüngste von ihnen immer von Neuem fest. »Es ist viel schöner, zu arbeiten, als immer nur böse Pläne auszuhecken.«
»Wie sehr liebe ich seit dieser Zeit das Singen der Vögel«, fügte der zweite hinzu.
»Aber seither ist es oft sehr schwer für uns gewesen«, fiel der Älteste ein. »Oft haben wir kaum etwas verdient, und manches Mal haben wir hungern müssen.«
»Mehr als einmal war ich versucht, hinauszugehen und zu stehlen«, sagte der Jüngste, »aber bisher habe ich es nicht getan!«
»Ich bezweifle, dass ich es auf Dauer lassen werde. Wenn ich hungrig bin, habe ich meine Finger nicht mehr in der Gewalt.«

»Es wäre zu schön, wenn die gute Maria wieder hierher käme«, meinte der Älteste. »Ich möchte sie nur sehen und mit ihr sprechen, dann weiß ich gewiss, dass ich die Armut weiterhin ertragen kann.«
»Ich auch«, sagte der Vogelfreund.
»Und ich«, sagte der Jüngste. »Dann würde alles wieder viel leichter für uns. Aber ich glaube kaum, dass wir sie je wiedersehen werden.«
»Was wohl aus ihnen geworden ist?«, fragte sich der Älteste.

Auch die Kinder auf dem armseligen Hof, wo Maria, Josef und der Esel in der ersten Nacht auf ihrer Reise nach Bethlehem übernachtet hatten, dachten an sie.
»Sie kommen nie mehr zurück!«, jammerte das größere der Mädchen. »Und dabei hat mir Maria ganz fest versprochen, dass ich ihr kleines Kind auf dem Arm tragen darf.«
»Und ich wollte den lieben Esel striegeln«, meinte der Junge, der damals geweint hatte, weil sein Vater keinen Esel besaß.
»Maria war so lieb«, riefen die Kinder.
»Und Josef auch«, meinte der Junge. »Und ich habe doch jetzt so viel Heu für ihren Esel. Das reicht für ein ganzes Jahr.«
Der Junge hatte wirklich die ganze Zeit über Gras gesammelt, und hatte jetzt einen riesengroßen Haufen Heu.
»Erinnert ihr euch noch, wie wir sie begleitet haben?«, fragte die große Schwester.
»Ja, das war lustig«, gaben die anderen zu. »Und das Reiten auf ihrem Esel war das Schönste in unserem ganzen Leben.«
»Ich denke so oft an Maria«, seufzte die große Schwester. »Niemand ist so gut und sanft wie sie.«

»Ich will mit ihrem Kind spielen«, meinte das kleinere Mädchen, das aber inzwischen auch schon zu einem großen Mädchen herangewachsen war.

Am meisten warteten sie natürlich zu Hause in Nazareth.

»Dass Maria immer noch nicht kommt!«, seufzte ihre Schwester. »Wo mag sie nur sein?«

»Sie kommen nie mehr heim«, erklärte ihr Mann.

Da wurde die Schwester ganz traurig.

»Ich schaffe es kaum mehr, ihre Tiere zu versorgen«, klagte sie. »Es kostet mich so viel Zeit, sie zu tränken und für sie Futter zu beschaffen. Schließlich muss ich mich doch auch um meine eigenen kümmern! Solange Judith noch helfen konnte, ging alles noch gut, aber sie kann jetzt nicht mehr gehen, und ich muss, statt dass sie mir hilft, auch sie noch versorgen.«

»Wir wollen die Tiere verkaufen«, schlug ihr Mann vor. »Und es wird das Beste sein, wenn wir das Haus und das Land gleich mitverkaufen.«

»Keinesfalls«, rief die Schwester aus. »Noch nicht. Stell dir vor, sie kämen bald nach Haus!«

»Der alte Krugmacher sagte gestern, dass er gern alles zusammen kaufen wolle. Er hat uns einen guten Preis gemacht.«

»Noch nicht! Warten wir noch ein Weilchen«, bat die Schwester. »Ich schaff's schon noch.«

»Der Krugmacher will gleich kaufen«, sagte ihr Mann.

»Er ist kein edler Mensch«, seufzte die Schwester. »Marias Tiere werden es nicht gut bei ihm haben. Und sie sind nichts anderes als Güte gewohnt. Nein, lass mich noch eine Zeit lang weitermachen.«

Aber wer könnte mehr auf Maria warten als ihre Tiere?
»Wo bleibt nur der kleine Esel?«, klagten die Lämmer und Zicklein, als sie heranwuchsen und immer größer wurden. Eines schönen Tages waren sie keine Lämmer und Zicklein mehr, sondern erwachsene Schafe und Ziegen. Aber ihr Hoffen hielt an. Sie erzählten ihren eigenen Jungen von der guten Maria, die bald wieder nach Hause kommen würde. Und sie würde ihr kleines Kind mitbringen. Und sie würde auf dem tüchtigsten und klügsten Esel der ganzen Welt reiten.
»Kommt sie bald?«, blökten die neuen Lämmchen.
Und die jungen Zicklein hüpften ungeduldig herum, genau wie es ihre Mütter und Väter einst gemacht hatten. Und sie meckerten: »Glaubst du, dass sie morgen kommen werden, Mutter? Sag, dass es so ist.«
»Meckert nicht«, sagte die alte Großmutter Ziege. »Sonst kommen sie nie.«
Und so vergingen die Tage. Und bald waren auch diese Lämmer und Zicklein erwachsen und hatten eigene kleine Junge, die meckerten: »Glaubst du, dass sie morgen kommen, Mutter?«
Nicht anders war's mit den Vögeln in Nazareth. Sie waren mit der Botschaft von der Geburt des Kindes nach Hause geflogen. Das war ein Freudentaumel unter den Tieren in Nazareth gewesen. Alle hatten doch geglaubt, dass Maria und Josef mit ihrem Kind in einigen Tagen zurückkommen würden. Aber sie kamen nicht. Wo waren sie nur?
Die Vögel warteten und warteten. Aber sie vergaßen nicht. Immer wieder saßen neue kleine Vögel im Nest und piepsten: »Kommen sie nicht bald, Mutter?«

Frohe Wanderer

Und nun war der Esel auf dem Heimweg mit Josef und Maria und dem Kind. Doch niemand wusste es.
Als sie in die Nähe von Bethlehem kamen, sagte Maria: »Wir müssen den Alten begrüßen, er war immer so gut zu uns.«
Da trippelte der kleine Esel leichtfüßig den Weg entlang, den er von früher schon so gut kannte. Kein Engel musste ihm zeigen, wie er gehen sollte.
Die Freude des Alten war übergroß, als er sie kommen sah. Er hörte gar nicht mehr auf zu sprechen: »Da kommt ihr endlich«, sagte er. »Ich hätte es wissen können, dass heute etwas geschehen würde; denn ich träumte heute Nacht, dass ich auf den Wiesen des Paradieses spazierte. Es konnte aber auch einfach bedeuten, dass der liebe Gott mich dorthin führen will, denn mein Herz schafft das Leben auf Erden nicht mehr. Aber ich wollte nicht sterben, bevor ich nicht euch und das Kind wiedergesehen habe. Wie groß und schön der Junge geworden ist. Er gleicht völlig den Engeln, die ich heute Nacht im Traum gesehen habe. Morgen müsst ihr unbedingt bei den Hirten reinschauen, wenn ihr dort vorbeikommt. Die warten sehr auf euch.«
»Wie lieb, dass sie uns nicht vergessen haben«, sagte Maria.
»Euch vergessen?«, meinte der Alte. »Ich frage mich, wer euch wohl je vergessen könnte.«
Da übernachteten sie noch einmal im Stall. Der Junge war aber jetzt viel zu groß für die Krippe. Er lag im Stroh zwischen der schwarzen Kuh und dem Schaf.

»Dass wir ihn wiedersehen durften!«, flüsterten sie einander zu. »Er ist so schön, so gut und so weise.«

Ruben ließ seine Schafe auf der Wiese weiden. Er war nun fast erwachsen, ein kräftiger Jüngling mit breiten Schultern und frischem Blick.

»Ruben ist ein guter Hirte«, hatte sein Großvater an diesem Morgen gesagt. »Er kann allein auf die Weide gehen, wenn das Wetter gut ist.«

Deshalb saßen die anderen Hirten zu Hause und ruhten sich aus.

Ruben stand ganz oben auf einem Hügel und sah weit ins Land hinunter.

»Ich warte so sehr auf ihn«, rief er den vorbeiziehenden Wolken nach, »auf den Friedensfürsten aus Davids Geschlecht; auf den Guten Hirten, der allen Menschen ein Hirte sein wird. Könnt ihr nicht, die ihr so hoch über der Erde hinjagt, mir sagen, wo er ist?«

Die Wolken antworteten nicht. Aber ein altes Schaf, Rubens Lieblingstier, das er bekommen hatte, als er noch ganz klein und das Schaf gerade erst zwei Wochen alt war, schubste ihn in die Kniekehle, rieb sich an ihm und sagte: »Ruben, er ist auf dem Weg hierher. Hast du nicht gehört, was die Vögel im Morgengrauen gepfiffen haben? Sie sagten, dass er in Bethlehem im alten Stall übernachtet hat.«

Aber Ruben verstand nicht, was das Schaf ihm sagte. Er dachte nur, dass es seltsam blökte.

»Ja, ja«, sagte Ruben und streichelte es. »Du willst mich sicher trösten, aber wie könntest du das?«

»Wenn du nur verstündest, was ich sage, dann wärst du wohl getröstet«, dachte das Schaf.

Aber Ruben seufzte nur. Da erblickte er einige Reisende, die den kleinen Weg heraufkamen.

»Was sind das für Leute?«, dachte er. »Ein Esel mit einer großen Last, ein Mann und eine Frau und ein Junge, der vor ihnen herläuft. Das kann doch nicht sein!«

Er rief laut.

»Du bist doch Marias kleiner Esel. Kein anderer Esel in der Welt hält den Kopf so wie du. Auch trippelst du gleich artig wie früher, nur scheint es mir, als ob du etwas alt und steifbeinig geworden wärst.«

Ruben raste den Hügel hinunter und lief ihnen entgegen. Ja, es waren Maria und Josef. Sie hatten sich nicht verändert. Doch konnte dieser Junge hier, der so keck und fröhlich ausschaute, das süße kleine Kind sein, das damals in der Krippe lag?

Ruben blieb völlig verblüfft stehen.

Da lächelte der Junge und streckte seine Hand aus. Ein bunter Schmetterling hatte sich auf seinen Zeigefinger gesetzt.

»Schau!«, sagte er vergnügt.

Da erkannte Ruben den Glanz in seinen Augen wieder. Dies war Marias Kind, das kleine Kind, für das die Engel gesungen hatten. Und Ruben machte einen hohen Freudensprung und jubelte vor Vergnügen. Alle Schafe versammelten sich rund um den Esel, um zu hören, wie er Josef und Maria nach Ägypten geführt hatte.

»Was bist du für ein tüchtiger Esel«, sagten sie. »Der beste auf der ganzen Welt.«

»Ich wäre allein nicht zurechtgekommen«, erzählte der Esel. »Ganz besonders hat mir der gute Engel geholfen, aber auch die großen Kamele haben das getan.«

»Wir haben immer nur gehört, dass Kamele hochmütig sind«, wunderten sich die Schafe.

»O nein, sie sind sehr großmütig und klug.«
Ruben führte die Reisenden heim zu den anderen Hirten. Da war die Freude groß. Sie bereiteten ein richtiges Gastmahl. Viele fremde Hirten kamen noch hinzu, um das Kind zu sehen, über das die anderen so viel gesprochen hatten. Diese erzählten immer von Neuem, wie es in dieser Nacht gewesen war, als sie die Engel singen hörten, und wie sie nach Bethlehem gegangen waren und das Kind in der Krippe gefunden hatten.
Aber der Kleine wollte nicht stillsitzen und bewundert werden. Er half lieber Ruben den Esel versorgen und die Schafe für die Nacht in die Pferche sperren.
Er war kräftig und verständig. Und ängstlich war er gar nicht. Als der große Ziegenbock mit seinen gewaltigen Hörnern auf ihn zugerast kam, lachte er nur und fasste ihn am Kopf. Da schämte der Bock sich und wurde ganz still. Er wurde nicht müde, zuzusehen, wie Ruben die Schafe versorgte, und ihm zuzuhören, wo man die besten Wasserquellen oder das saftigste Gras finden konnte.
»Ich werde auch ein Hirte, wenn ich mal groß bin«, erklärte er. »Ein guter Hirte, der die Schafe, die vom Wege abkommen, wieder auf den rechten Pfad führt.«
»Du wirst der Hirte Israels sein«, sagte Ruben. »Und ich werde dir folgen, wohin du auch gehst.«
Da nahm der Kleine den Ruben an der Hand.
»Ist das wirklich wahr?«, fragte er eifrig.
»Ja, das ist ganz sicher«, sagte Ruben. »Dazu habe ich mich entschlossen, als ich dich in der Krippe liegen sah.«
»Wie lieb du bist«, sagte der Junge. »Dann werden du und ich gemeinsam Hirten sein.«

Ganz oben auf einem Felsen standen drei Männer und hielten Ausschau.
»Dort hinten kommen drei Reisende«, sagte der Älteste. »Sollen wir sie ausplündern?«
»Nein«, widersprachen die beiden anderen.
»Aber wir könnten mit dem Geld bessere Geräte kaufen«, versuchte der Älteste sie zu überreden. »Dann fänden wir leichter Arbeit.«
»Wenn wir jetzt wieder anfangen zu rauben, können wir nie mehr damit aufhören«, gab der Jüngste zu bedenken. »Lassen wir es sein!«
»Wenn ich nur mit der guten Maria sprechen könnte«, seufzte der Vogelfreund vor sich hin. »Dann könnte ich Hunger und Durst ein bisschen besser ertragen.«
»Schaut, es sind nur zwei Menschen. Ihr Esel schleppt eine gewaltige Last«, rief der Alte.
»Das kann man auf diese Entfernung gar nicht erkennen«, wandte der Jüngste ein.
»Wir gehen ihnen auf alle Fälle auf halbem Wege entgegen«, schlug der Älteste vor. »Wir stellen uns dort hinter den Felsen. Von da aus können wir sie leicht überfallen, wenn sie aus dem Hohlweg herauskommen. Sehen sie sehr arm aus, verhalten wir uns ganz ruhig und lassen sie weitergehen. Sie sehen uns dort nicht.«
Den anderen war dabei nicht wohl zumute, aber sie gingen doch mit und stellten sich in den Hinterhalt bei dem großen Felsen.
»Ich schlage auf den ersten ein«, sagte der Älteste. »Und wenn ich meine, dass es wert ist, hier etwas zu holen, dann nehmt ihr euch den anderen vor. Wir brauchen ja nicht so hart auf sie

einzuschlagen, dass sie verletzt werden. Wir nehmen uns nur den Esel mit seiner Last und gehen unserer Wege.«
So standen nun alle drei da und warteten.
»Merkwürdig«, dachte der erste. »Es duftet hier so lieblich. Wie in der Höhle in jener Nacht, als Maria und Josef kamen. Es duftet nach frischen Frühlingsblumen. Kann es denn wirklich hier genauso duften wie damals dort?«
»Wie seltsam«, dachte der zweite. »Welch ein Gesang erschallt heute nur von den Vögeln. Und wie viele es sind! Die Luft ist ja ganz voll von ihnen. Seit jener Nacht, als die Vögel für uns sangen, habe ich Vögel so nicht mehr singen hören.«
Der dritte hörte jedoch schon Schritte. Er zog seinen Knüppel heraus und machte sich gerade fertig, zuzuschlagen, als ein kleiner Junge auf dem schmalen Wege entlanggehüpft kam.
Der Mann war so erschrocken, dass er mit dem Knüppel in der Luft verharrte. Das Kind hatte wohl etwas bemerkt, denn es wandte sich um und entdeckte ihn. Es rief ihm froh einen Gruß zu und reichte ihm ein Stück Brot, das es gerade in der Hand hielt.
Der Mann ließ den Knüppel fallen, trat aber nicht vor, um das Stück Brot entgegenzunehmen. Das Kind musste es ihm vielmehr in die Hand drücken. Dann schaute das Kind zurück und sagte etwas zu seinen Eltern, die eben vorbeikamen.
»Sieh nur, Josef«, rief die Frau aus, »das sind doch die guten Männer aus der Höhle. Erkennst du sie nicht wieder?«
Sie ging noch einige Schritte weiter und streckte den drei Männern die Hände entgegen.
»O wie bin ich froh, dass ich euch wieder getroffen habe«, lächelte sie, »ich habe viel an euch gedacht.«
»Maria«, riefen alle drei. »Bist du es wirklich?«

Dann redeten alle zugleich, Josef, Maria und die drei Männer. Der Junge nahm sich den Knüppel und versuchte, wie auf einem Steckenpferd auf ihm zu reiten.

»Wie ist es euch ergangen?«, fragte Josef.

»Manches Mal sehr schlecht, manchmal ein bisschen besser«, sagte der Älteste. »Wir haben seit Langem keine Arbeit mehr gefunden.«

»Es ist auch lange her, seit wir uns einmal satt essen konnten«, fügte der Jüngste hinzu.

»Zu essen sollt ihr heute von uns bekommen«, sagte Maria. »Und Gott wird euch helfen, dass ihr Arbeit findet. Setzt euch hin, wir machen hier ein Weilchen Rast.«

Josef holte reichlich zu essen aus dem Gepäck.

»Arbeit?«, überlegte er. »In Bethlehem traf ich einen Mann, der suchte Leute für seinen Weingarten. Er wollte mich als Hilfe haben, aber ich habe ja keine Zeit. Geht hin, dann werdet ihr ...«

»Hätten wir nur etwas bessere Geräte«, unterbrach ihn der Jüngste besorgt. »Niemand will uns beschäftigen, weil wir nur so plundriges Zeug mitbringen.«

Da sah Maria zu Josef hin. Dieser nickte nur. Er zog seine Börse hervor.

»Hier habt ihr was«, sagte er und reichte ihnen eine Goldmünze. »Das reicht euch allen für ordentliche Geräte.«

»Aber wir wollen dein Geld nicht«, sagte der Älteste. »Du wirst es selbst brauchen.«

»Wir haben es von einem reichen Kaufmann erhalten. Und eine gute Gabe ist noch weit mehr wert, wenn sie anderen Freude bereitet«, sagte Josef und legte ihm die Münze in seine Hand.

»Habe ich nicht gewusst, dass alles besser und leichter wird, wenn ihr nur kommt«, rief der Mann aus. »Dass ihr gerade heute gekommen seid! Um die Wahrheit zu sagen, wir hatten gerade vor, das Plündern wieder anzufangen.«

»Gottes Wege sind wunderbar«, sagte Josef.

»Und das ist euer Junge?«, fragte der Jüngste. »Wie groß er schon ist! Wie heißt du denn?«

»Ich heiße Jesus«, antwortete der Junge fröhlich. »Das ist ein guter Name, er bedeutet ›Helfer‹.«

»Aha«, lächelte der Mann, »und wem wirst du helfen?«

»Allen Menschen!«, sagte der Junge.

»Ich glaube dir, dass du das kannst, wenn du wie deine Eltern wirst«, antwortete der Mann. »Ich bin noch nie jemandem begegnet, der mir so viel geholfen hat wie sie.«

Einige Tage später waren die Reisenden in dem kleinen Dorf angekommen, in dem sie in der ersten Nacht gerastet hatten.

»Jetzt sind wir bald zu Hause«, sagte Maria. »Es wird herrlich sein. Wenn ich mir überlege, dass es mehrere Jahre gedauert hat! Und du, mein Junge, hast noch nie dein Heim gesehen. Aber bald wirst du durch die Tür treten. Und dann wirst du auch alle unsere Tiere sehen. Ich freue mich so darauf, sie dir zu zeigen.«

»Alle Schafe und Ziegen, alle Lämmer und Zicklein«, sagte der Junge. »Gehören die mir dann auch, Mutter?«

»Ja, auch dir. Sie werden uns beiden zusammen gehören, dir und mir.«

»Darf ich sie weiden? Darf ich ihnen Futter und Wasser geben?«

»Du darfst dies jeden Tag mit mir zusammen machen«, versprach Maria lächelnd. »Aber du musst auch dem Vater helfen und hobeln, schnitzen und sägen lernen.«

Da war der Junge so glücklich, dass er auf dem Weg vor dem Esel herumtanzte. Das übermüdete Tier dachte an die schönen Koppeln in Nazareth und die wartenden Gefährten zu Hause. Es war so glücklich, dass es einen kleinen Eselsschrei vor Freude ausstieß.
»Hinter dem Hügel liegt ein kleines Dorf«, sagte Josef. »Wir werden dort über Nacht eine Herberge suchen; denn heute Abend schaffen wir es nicht mehr bis nach Hause.«
Da schlug der Esel plötzlich ein schnelleres Tempo an. Er hatte den großen Wunsch, endlich auszuruhen.
Josef nahm den Jungen auf den Arm und trug ihn, während die Sonne langsam unterging. Er schlief sofort mit dem Kopf auf der Schulter des Vaters ein.
Als sie an der Dorfgrenze angelangt waren, blieb Josef zweifelnd stehen, doch der Esel trottete weiter.
»Schau nur, unser Esel weiß, wohin wir sollen«, meinte Maria. »Es ist lange her, dass er so sicher vorwärtstrabte. Vielleicht hat er den Engel wieder gesehen?«
Aber der Esel hatte nur eine Stimme wiedererkannt. Die Stimme eines sehr guten Freundes. Es war der kleine, kecke Junge, der einst versprochen hatte, für ihn Heu zu sammeln. Er war es doch, der dort drüben herumtollte. Plötzlich sah der Junge den Esel. Er stürzte auf ihn zu und fiel ihm um den Hals.
»Sie kommen! Sie kommen!«, rief er.
Da erkannte auch Maria den Jungen und seine Schwester wieder. »Ach Josef, wie klug doch unser kleiner Esel ist! Er erinnert sich, dass wir versprochen hatten, auf dem Rückweg wieder vorbeizukommen. Wir hatten es vergessen. Es ist nur gut, dass er uns davor bewahrt hat, unser Versprechen zu brechen.«
Sie folgten den Kindern in das Haus. Das große Mädchen durfte den schlafenden Jungen tragen, der kecke Junge führte den Esel

in den Hof und half Josef, die Last abzunehmen. Dann öffnete er die Tür zu einem kleinen Schuppen und zeigte ihnen all das gute Heu. Josef schlug vor Verwunderung die Hände über dem Kopf zusammen. Niemals hätte er sich träumen lassen, dass ein Junge sein Wort in solch großartiger Weise halten würde.

In dem kargen Heim war die Freude groß, als die unerwarteten Gäste eintraten. Die Mutter hatte nicht viel anzubieten; da zog Maria Honigkuchen und andere Köstlichkeiten hervor, die sie von dem guten Kaufmann erhalten hatte. Nie zuvor hatten die Kinder ein solches Fest erlebt.

»Gestern war ein Schmaus beim reichsten Bauern im Dorf, aber wir waren nicht eingeladen«, sagte eines der kleineren Kinder. »Aber heute haben wir ein viel schöneres Fest als irgendjemand sonst.«

So dachten auch alle anderen Kinder.

Die große Schwester zog Marias schlafenden Jungen aus, wusch ihn und legte ihn auf sein Lager. Die anderen sahen zu.

»Er ist so lieb«, sagte sie.

Die Kinder fragten: »Wie heißt er denn?«

»Er heißt Jesus«, antwortete Josef.

Am nächsten Morgen erhielten die Kinder die Erlaubnis, die Reisenden noch ein Stück Wegs zu begleiten, genau wie beim letzten Mal.

»Was sollen wir mit all dem vielen Heu machen?«, fragte der Junge. »Der Esel hat nur ganz wenig davon gefressen. Könnt ihr es nicht in Säcken mitnehmen?«

Aber das ging nicht, denn der Esel war ohnehin schon schwer beladen.

»Aber was soll ich mit all dem vielen Heu machen, wo wir doch keinen Esel haben?«, klagte der Junge. »Ich habe den Vater schon so oft gebeten, dass er einen kaufen soll, aber er will nicht.«
»Nein, so ist's nicht, sondern er hat kein Geld dafür«, sagte die große Schwester. »Du darfst dem Vater auch nicht dauernd damit in den Ohren liegen.«
»Aber schön wäre es, wenn wir einen Esel hätten«, beharrte der Junge. »Dann könnten er und ich zusammen im Weinberg arbeiten und viel Geld verdienen. Aber niemand will uns das Geld für einen Esel leihen, dabei würde ich es ganz sicher zurückbezahlen.«
»Ich bin ganz sicher, dass du das würdest«, sagte Josef. »Deshalb werde ich dir auch eine Goldmünze leihen.«
»Bist du so reich?«, fragte der Junge zweifelnd. »Wir glaubten immer, ihr wäret arm.«
»Sicherlich, das sind wir auch«, sagte Maria. »Aber wir Armen müssen einander helfen, und da Josef einige Münzen von einem reichen Kaufmann geschenkt bekommen hat, will er diese Gabe weiterreichen.«
Es ist kaum zu beschreiben, wie glücklich die Kinder waren. Sie lachten, jubelten und sprangen herum, am meisten aber freute sich Jesus. Er klatschte vor Vergnügen in die Hände, als der Junge mit der Goldmünze in seiner Faust vor Josef auf dem Boden Purzelbäume schlug.

Am Nachmittag waren die Reisenden noch immer ein gutes Stück von Nazareth entfernt. Es war ein mühevoller Tag gewesen, und Josef schlug Maria vor, dass sie in einem Nachbarort bei Bekannten bleiben und sich erst am nächsten Tag zur allerletzten Wegstrecke aufmachen sollten. Er war müde, Maria war müde und der Esel konnte kaum mehr einen Schritt tun. Der Einzige, der keine Zeichen von Müdigkeit erkennen ließ, war der Junge. Er sprang munter neben dem Esel her und plapperte vor sich hin.

Doch der erschöpfte Esel blieb nicht stehen. Er ging und ging, wie sehr auch Josef rief, dass sie rasten wollten.

»Josef, was ist nur mit unserem kleinen Esel los?«, wunderte sich Maria.

»Er wird doch nicht jetzt noch einen Engel sehen!«, meinte Josef. »Hier droht uns keine Gefahr mehr und wir kennen den Weg ganz genau. Bleib endlich stehen, lieber Freund.«

Aber der Esel trottete weiter und der Junge mit ihm. Die beiden verstanden einander ausgezeichnet.

»Kannst du dir denken, dass der Esel vielleicht doch einen Engel gesehen hat?«, fragte Maria ihren Jungen.

»Ich habe vorhin einen Engel gesehen«, sagte der Junge. »Er gab uns Zeichen, dass wir uns beeilen sollten. Das habe ich dem Esel erzählt und seither hat er es so eilig.«

»Dann ist es wohl am besten, dass wir durchhalten«, sagte Josef.

»Es wird schon gehen«, meinte Maria. »Denk immer daran, dass wir bald zu Hause sind.«

»Zu Hause!«, sagte Josef und rückte die Last auf seinem Rücken zurecht.

In Nazareth

An diesem Nachmittag kam der reiche Krugmacher zu Marias Schwester und ihrem Mann und sagte: »Ich will heute Josefs Haus und Boden kaufen. Ich muss mit dem Neubau beginnen.«

»Noch nicht«, rief die Schwester aus. »Warte bis zum Herbst.«

»Im Herbst muss meine neue Scheune fertig sein«, erklärte der Krugmacher. Der Mann der Schwester hielt zum Krugmacher, und so gingen beide hinaus, um sich Josefs und Marias kleines Haus anzusehen.

»Die Bäume müssen weg«, sagte der Krugmacher. »Ich schicke morgen einen Knecht her, der sie fällt.«

»Und die Tiere?«, fragte der Mann von Marias Schwester.

»Die alten werden geschlachtet, die jungen kannst du dem Viehhändler verkaufen. Er kann sie dann morgen auf dem Markt losschlagen. Aber du musst sie heute Abend noch rechtzeitig wegbringen, denn er wird morgen beizeiten auf den Markt ziehen.«

Danach gingen die beiden Männer fort, um den Kauf abzuschließen.

Schrecken und Angst verbreitete sich in dem kleinen Garten. Die Schafe blökten verzweifelt, die Ziegen stießen mit ihren Hörnern, stampften und wollten aus der Umzäunung heraus. Und alle Vögel von Maria! Würden die Bäume gefällt werden, in denen sie ihre Nester hatten? Was für ein Schicksal würde über sie alle kommen?

»Kommt denn Maria nicht? Erkennst du nicht den Esel in der Ferne?«

Die Vögel flogen auf Ausschau.
»Kommen sie?«, blökten die Schafe.
»Seht ihr sie?«, meckerten die Ziegen.
»Es kommen einige Wanderer, ganz in der Ferne; sie haben auch einen Esel«, berichteten die Vögel.
»Das müssen sie sein!«, riefen die Schafe.
»Wer sonst sollte es sein?«, meinten die Ziegen.
Die Vögel flogen den Ankommenden entgegen.
Ganz sicher, es waren Josef und Maria und der Esel. Doch wer war der kleine Junge, der den Esel am Zügel führte? Und wo war das kleine Kind, das Maria in Bethlehem auf die Welt gebracht hatte? Die Vögel waren ganz enttäuscht.
»Ach, seid ihr dumm«, schimpfte eine kluge Taube. »Habt ihr denn noch nicht begriffen, dass das Kind inzwischen groß geworden ist, wo sie doch so lange weg waren?«
»Ganz richtig!«
Der Jubelgesang, der jetzt zum Himmel stieg, rief alle anderen Vögel in Nazareth herbei, und sie kamen angeflogen und stimmten ein.
Josef hob den Jungen auf den Esel.
»Du sollst in Nazareth einreiten«, sagte er.
Der Junge feuerte den Esel an, der erhob sein Haupt und trippelte so leicht wie in seiner Jugend. Maria und Josef lachten darüber und die Vögel tirilierten aus vollem Halse.
So hielten sie Einzug in Nazareth.
»Was ist nur los?«, wunderten sich die Menschen und liefen auf die Straße, um nachzusehen. »Was sind das für Leute, die da im Lichte des Sonnenuntergangs herankommen? Es strahlt rings um sie her. Kommen sie aus dem Paradies? Und was bedeutet der Vogelgesang? Oder singen gar Engel?«

»Nein, Engel können es nicht sein«, meinte einer. »Es ist nur ein Junge, der lacht und ruft, ein ganz gewöhnliches Kind. Und doch, wer sind sie?«

Bald erkannten sie natürlich, dass es Josef und Maria waren. Die Nachbarn gingen ihnen entgegen.

Auch Marias Schwester trat auf die Straße hinaus. Sie weinte, denn ihr Mann war gerade dabei, Marias und Josefs Haus zu verkaufen.

Da riefen die Nachbarn: »Deine Schwester ist wieder da!«

Nun wurde sie wieder froh und ihr Mann auch. Er dankte Gott, dass er Josef und Maria gerade zur rechten Zeit kommen ließ, sodass ihr Haus noch stand. Der Krugmacher war zunächst natürlich ärgerlich, aber er tröstete sich schnell und freute sich dann auch, dass kein Unrecht geschehen war.

»Kommt herein, kommt herein«, bat die Schwester und hob den Jungen vom Esel. »Kommt herein und esst mit uns.«

»Wir müssen zuerst nach Hause«, sagte Maria. »Wir haben diesen Augenblick seit vielen Jahren jeden Tag herbeigesehnt. Und der Junge soll endlich sein Heim kennenlernen.«

»Aber nachher kommt ihr«, sagte die Schwester. »Ich kann mich an deinem Jungen gar nicht sattsehen. Wie heißt er?«

»Ich heiße Jesus«, sagte der Junge. »Aber du kannst doch mit uns nach Hause kommen!«

Da setzte die Schwester den Jungen wieder auf den Esel und folgte ihnen zu ihrem kleinen Hof.

Die Tiere waren ganz still, als Maria und Josef kamen. Die Vögel hatten die frohe Nachricht überbracht, und nun standen sie alle ganz dicht beieinander, zitternd vor Erwartung.

»Da bin ich endlich«, sagte der kleine Esel. »Es war eine weite Reise, aber jetzt sind wir zu Hause. Und ihr seht doch wohl, wen ich hier auf meinem Rücken trage?«

Ja, das sahen sie allerdings. Josef hob den Jungen herunter, und Maria öffnete das Gatter und ging zu ihren Tieren, die sich gleich um sie drängten. Sie knufften und stießen, nur damit sie gestreichelt würden.

»Meine lieben, lieben Tierchen. Habt ihr so auf mich gewartet? Ich habe viel an euch gedacht, das könnt ihr mir glauben.«

Der Junge streckte die Arme nach ihnen aus.

»Kommt her, alle meine kleinen Lämmchen«, rief er ihnen glücklich zu.

Und die Lämmchen und Zicklein näherten sich vorsichtig, schnupperten an seinen Händen und ließen sich streicheln.

»Er hat so gute Hände«, tuschelten sie einander zu.

»Bin ich nun ein Hirte, Mutter? Jetzt, wo ich Schafe und Ziegen habe?«, fragte er.

»Ja, jetzt bist du ein Hirte«, lächelte ihm Maria zu.

»Der Gute Hirte«, dachten die Schafe und Ziegen. »Unser Hirte.«

Und die Vögel von Nazareth sangen: »Der Gute Hirte ist heimgekehrt. Er ist endlich heimgekehrt. Gott sei's gedankt.«

»Was bist du nur für ein tüchtiger kleiner Esel«, meinten alle Tiere, als der Esel ihnen von der langen Reise erzählt hatte. »Wie gut, dass du den Engel sehen konntest.«

»Auf dem Heimweg konnte ich ihn nicht mehr sehen«, sagte der Esel, »denn meine Augen sind sehr schlecht geworden. Aber das macht nichts, denn der Junge kann ihn jetzt sehen. Und da braucht man nur zu tun, was er will. Aber ich bin jetzt müde und meine Beine tun mir weh, ihr könnt mir's glauben.«

»Jetzt darfst du ausruhen, kleiner Esel«, sagten die Tiere. »Das hast du dir ehrlich verdient. Wir sind froh, dass du wieder zu Hause bist. Wir haben so lange darauf gewartet. Und nun seid ihr endlich da - das Kind ist da und Maria.«
»Ja, und auch Josef«, betonte das älteste Schaf.
»Und der klügste Esel auf der ganzen Welt«, quiekte ein kleines Zicklein und hüpfte vor Vergnügen.

Yaroslava Black
Illustriert von Maryna Yandolenko

Der fliegende Buchhändler

und andere Weihnachtsgeschichten

128 Seiten, gebunden
ISBN 978-3-8251-5430-1

Es ist faszinierend: In jedem Land der Erde gibt es in der Advents- und Weihnachtszeit unterschiedliche Bräuche und Traditionen. Der Tagesablauf ist unterschiedlich, die Speisen, die an den Festtagen auf dem Tisch stehen, sind andere, die meisten Lieder auch. Aber in einer Sache ist man sich überall auf der Welt einig: Es ist die schönste Zeit des Jahres!
Was Yaroslava Black in ihren Geschichten erzählt, klingt lange nach. Aus ihren Geschichten klingt ein Zauber der Nähe, der uns erwärmt und berührt. Aber es ist auch die Gewissheit, dass wir Menschen immer wieder Wunder brauchen: Sei es eine englische Tanne, ein Eichhörnchen in einem Berliner Garten oder ein kleines Mädchen in den verschneiten Karpaten. Und wenn wir auf Wunder warten, ist es sehr schön, in der Nähe der Menschen zu sein, die man liebt.

URACHHAUS

Georg Dreißig

Als Weihnachten beinahe ausgefallen wäre

Advents- und Weihnachtsgeschichten

181 Seiten, gebunden
ISBN 978-3-8251-7416-3

In der Advents- und Weihnachtszeit scheint die Welt manchmal viel friedlicher zu sein als sonst. Doch hin und wieder müssen kurz vor Heiligabend auch noch allerlei Probleme gelöst werden: Die kleine Franziska plagt auf einmal die Frage, wie alt denn das Christkind eigentlich ist. In einem Waisenhaus sorgt ein Findelkind dafür, dass nichts mehr ist, wie es war. Die Tiere, die den Brunnen mit dem Wasser des Lebens bewachen, sind ganz bekümmert, weil die Quelle zu versiegen droht. Und in der Familie von Rályi und Bolyó sieht es dieses Jahr tatsächlich so aus, als müsste Weihnachten ausfallen.

Doch immer wieder wird Mensch und Tier auf wundersame Weise geholfen, sodass alle Fragen beantwortet und schwierige Situationen gemeistert werden – und dass es auch in diesem Jahr wieder Weihnachten werden kann.

URACHHAUS

Selma Lagerlöf | Maren Briswalter

Die Legende von der Christrose

32 Seiten, gebunden
ISBN 978-3-8251-5400-4

Vor langer Zeit verwandelte sich jedes Jahr zu Weihnachten der Winterwald in ein Paradies von Blumen, Licht und neuem Leben. Auf diese Weise feierte die Natur die Ankunft des Jesuskindes. So lange, bis eines Tages ein Mensch mit einem kalten, finsteren Herzen in diese prächtige Landschaft eindrang. Nur eine einzige Blume konnte aus dem Weihnachtswald gerettet werden: die Christrose. Zur Erinnerung an dieses einstige Wunder blüht sie jeden Winter, wenn die übrige Natur ruht.

URACHHAUS